小谷裕実

発達障害児
のための　　実践
ソーシャルスキル・
トレーニング

Social Skill Training

人文書院

はじめに

　2007年度から教育基本法が一部改正され，障害児教育の理念自体が大きく転換され始めました．

　障害のある子どもたちへのこれまでの教育を簡単に紐解くと，まず病虚弱な子どもたちは，学校に来なくてもよいとする就学猶予制度があり，学校教育の対象とならない時代が長くありました．1979年に，障害のある子どもたちすべてに，教育を受ける権利が認められ，重い障害のある子どもたちが学校で学ぶ制度が導入されたのです．

　私は，1987年に医大を卒業し，その年に重症心身障害児者（重度重複障害児者）の医療機関兼入所施設である花ノ木医療福祉センター（京都府亀岡市）に週1回通い，非常勤医師として診療を始めました．周囲を田んぼに囲まれたのどかな田舎に，ぽつんと建つその施設は，100名余の障害児者が医療的なケアを受けながら生活をするところでした．周囲から隔離された場所とも，環境的に恵まれた場所ともいえますが，そこに勤める私たちが地域に働きかけることがなければ，容易に隔離された場所となります．私は縁があって，その後いくつかの都会の病院を経て，1991年からはその施設の常勤医師となって5年半勤務しました．

　この間，ノーマライゼーションの理念が社会に浸透し，地域で障害のある人々が暮らすというスタンスが当たり前の時代となりました．このころから，この施設は積極的に地域に情報を発信し始め，周囲の公立学校から子どもたちが訪れてくる光景が当たり前となったのです．かつて高齢の保護者は，外泊のために，始発の列車に乗りひっそりと施設を出て，わが子を自宅に連れて帰っていくことが少なくありませんでしたが，今では若い保護者はわが子を乳母車にのせてスーパーに買い物に行くことも当たり前になりました．背景には，科学の進歩により，疾患や障害は「何かみえない力」や「因縁」のせいではなく，「障害は誰にでも起こりうること」と，人々の意識が変化したことも無関係ではないでしょう．

　この，養育や教育において支援を必要とする子どもたちがどの学校にも，どの教室にも存在する，という認識に拍車をかけることになったのが，今回

の本の主役である「発達障害の子どもたち」です．

　1970年頃より，知的障害がないにもかかわらず学習に躓きのある子どもたちの存在が教育現場において注目され始め，医療の現場では微細脳機能障害と呼ばれるものと一致することが分かってきました．後に，これらは「学習障害（LD）」として診断可能となります．

　次に，授業中じっとしていられない多動な子どもたちが，「注意欠陥多動性障害（ADHD）」として注目されました．教師の指導力に小さなほころびがある場合，これが学級崩壊の要因として取り上げられたこともあります．

　また，近年は社会性に課題のある「高機能広汎性発達障害（高機能自閉症・アスペルガー症候群）」の子どもたちの存在に焦点が当てられています．

　これらの子どもたちは，共通して「障害のある子ども」とはみなされないことが多く，その診断も容易でないことが波紋を呼んでいます．古い人たちは，口をそろえてこう言います．「自分たちが子どもの頃は，勉強ができない子はどこにでもいて，授業中じっとしていないやんちゃな子どもも特別視されずに育ってきた．変わった子もいたけど，障害ではないでしょう．どうしてそんな子どもたちまで診断して区別し，特別扱いするの？　神経質すぎるのではないか」と．

　しかし，学校現場に目を向けると，学校の枠に収まらない子どもたちがクラスに2〜3人は必ずいて（文科省の調査では，6.3％），この子どもたちの指導に悩む教師がいて，電話がなると学校からではないかと身をすくめる保護者がいます．あちこちで子どもや保護者，学校からSOSの声が上がっているのが現代の教育現場の実情です．保護者の子育ての問題だ，学校の体制がおかしい，教師の力量がない，社会が悪い，子どもが変わってきたからだ…などと，未だに原因探しと責任の押し付けあいがあることも否めません．学校に行けない子，乱暴だと眉をひそめられている子，変わり者だといじめられている子，自分のペースとルールで教師を振り回している子など，集団行動がうまくいっていない発達障害児は少なくありません．その結果，集団から孤立しソーシャルスキルを学ぶべき大切な時間が刻々と過ぎていきます．

　目の前の子どもたちが，集団に不適応をおこしているとき，何を原因と考え，何からどのように解決すればよいのでしょうか．おそらく，他の子どもとの間で大きなトラブルが生じ，早く対処したい，即効性のあるトレーニン

グをしてすぐにソーシャルスキルを身につけさせたい，と周囲の大人は焦っているはずです．しかし，この不適応状態は，子どものソーシャルスキルと，複数の人により構成される集団とが，うまくかみあっていないという相互の関係性に問題があるのであって，何かひとつに原因を求めることはできません．子どもは急に変わるわけにはいきませんし，ましてや子どもだけ変われば すべて解決するわけでもありません．子どものソーシャルスキルは，長い年月をかけて育まれてきたものです．集団を構成する家族のメンバー，学校のクラス担任や級友，地域の人々が，期待される行動，みんなと同じ行動をとれない子どもをいかに理解し対応しているのか．その集団は，何を目的として存在し，そのときどきの目標は何かなど，子どもを取り巻く環境すべてを紐解くことも，ソーシャルスキル・トレーニング（SST）を行う上で大切な準備となります．子どもの集団不適応は，発達障害の特性も関与していますが，その子どもを取り巻くすべての者――家族：父親，母親，きょうだい，祖父母など，学校：担任，級友，学校体制，地域：近隣の人々，地域資源，支援体制――に関係があるのでしょう．

　私は，大学教員として教育現場と家族を手探りでサポートするなかで，発達障害児を対象としたソーシャルスキル・トレーニング・クラス「あそびっこくらぶ」を2001年から6年間主催しました．これは，発達障害児が集団でうまくやれない理由を知り，うまくやっていけるコツをつかむことを目的として学生たちと始めた活動です．ここでは，集団生活でのトラブルで即評価が下がる，退場を強いられる，腫れ物のように放置されるということはなく，失敗しても居場所が確保され，支援者がトゲのない行動やことばで端的に修正していきます．子どもたちはゆっくり少しずつ社会性を磨き，自信を取り戻して，学校や地域社会での生活にも前向きになっていきました．家族や学校の先生方も，子どもたちの様子を見学する中で，子どもたちの集団における行動を冷静にみつめることができ，家庭での養育や教室での指導に吸収してくださいました．発達障害児とその保護者にとって，安心して失敗できる居心地のよい場所，少なくともそれだけの役割は果たしたかと思います．私たちは，教科書的にやってもうまくいかない経験に悩み，彼らだからこそ見せてくれる本音の行動に感嘆し，すばらしい時間を提供してくれた彼らに

感謝するばかりです．

　この本は，2部構成からなります．前半は，ソーシャルスキルの総論編として，ソーシャルスキルについての基礎と，発達障害児の示す行動とその発見・対応のポイントを．後半は，ソーシャルスキルスキル・トレーニング実践編として，実際に行われた活動を取り上げました．子どもたちにとっては，ただ集まって楽しいと感じられる活動も，指導者の綿密な計画と明確な目的に基づいたトレーニングであることを示します．失敗談や成功の秘訣，指導者自身の意識の変化が大変興味深いところです．それから，各部の終わりに，スペシャルゲスト，竹内泰江さんの「実録マンガ奮戦記」を掲載しました．いろいろ大変だけど，実に捨てがたい微笑ましい日常が生きいきと描かれています．保護者と主治医として9年来のお付き合いであり，「あそびっこくらぶ」の初代からのメンバーです．

　発達障害児たちと集団活動をしたい，やってみたけどうまくいかない，という思いをお持ちでしたら，是非本書をお読みいただければ幸いです．

目　　次

はじめに

第Ⅰ部　ソーシャルスキル

1　ソーシャルスキルとは何か
　(1)　定義………7
　(2)　ソーシャルスキルは学ぶものか？………8
　(3)　ソーシャルスキルの獲得を阻むもの………9
　(4)　ソーシャルスキルの構成要素………9
　(5)　ライフスキルとソーシャルスキル………11

2　子どもの定型発達とソーシャルスキル
　(1)　1歳半まで………13
　(2)　3歳まで………15
　(3)　5歳まで………17

3　発達障害児におけるソーシャルスキルとその課題
　(1)　発達障害とは何か………20
　(2)　高機能広汎性発達障害とソーシャルスキル………30
　(3)　注意欠陥多動性障害とソーシャルスキル………35

4　気づきのヒント・対応のポイント
　　　　──保護者の悩み，周囲の気がかりから
　(1)　乳児期………39
　(2)　幼児期………40
　(3)　小学生………44
　(4)　中学生………47
　(5)　高校生………49

第Ⅱ部　ソーシャルスキル・トレーニング

1　SSTの方略
　(1)　SSTの目指すもの──「違いを知り，認め方を学ぶ」………55
　(2)　SSTだけが社会適応を改善する唯一の方法ではない………55
　(3)　適切な集団があってこそ………56

(4)　子どもの特性を探る………57
　(5)　生活拠点における対人環境………59
　(6)　子どものソーシャルスキルを評価する………60
　(7)　SSTを組み立てよう――治療的介入，予防的介入，発達的介入………60
2　SSTの実践
　(1)　幼児編
　　　　　A　ゲーム活動で社会性を育てよう………74
　(2)　小学生編
　　　　　B　ゲーム活動で社会性を育てよう（小学生編）………94
　　　　　C　日ごろのトラブル――脚本を作りドラマで演じてみよう………100
　　　　　D　キャリア教育で職業意識を育てよう………108
　　　　　E　「会議」で思いや考えを伝え合おう………114
　(3)　中学生編
　　　　　F　こんなときどうする？………121
　(4)　民間支援のプログラム
　　　　　G　京都YMCAのサポートプログラム………125
　　　　　H　奈良YMCAのサポートプログラム………131
3　活動リーダーの「ここだけの話」
　(1)　SSTのリーダーとなって，戸惑ったこと・苦労話………140
　(2)　効果的であった工夫と，効果のなかった（あるいは逆効果であった）対応………143
　(3)　自分自身の，SSTのリーダーとなった前後の変化………149
　(4)　リーダーから子どもたちへのメッセージ………152

参考文献
あとがき

第Ⅰ部 ソーシャルスキル

1 ソーシャルスキルとは何か

(1) 定義

　ひとは社会的な動物であり，1人で生きていくことはできません．家庭や地域，職場などの集団や組織を構築し，その中で互いに支えあいながら暮らしています．ときには思い通りにならない，自由がないと嘆くこともあるけれど，集団や組織に守られていることも事実です．とはいえ，人付き合いは時に私たちを悩ませる，誰にとっても厄介な永遠のテーマです．分かり合えたつもりでも一方的な思い込みであったり，思わぬことばがひとを傷つけてしまうという経験は，だれしも少なからずあるのではないでしょうか．一方で，集団で何かをやり遂げる，問題を解決する，あるいは特別に誰かと分かり合える，といった瞬間は気持ちが高揚し，互いに違う者同士のベクトルがひとつの目的に向かいハーモニーを奏でる瞬間は，言うにいわれぬ達成感や幸せを感じるものです．1人でどうにもならないことを，大勢の力で解決に導くこともできます．

　ここで必要となるのが，ひととうまくやっていく力，つまりソーシャルスキル（SS）です．SSの定義は，さまざまな分野から提唱されています．

- 「自己および他者に有益な方法で他者と相互作用する力」（Combs, S. P. & Slaby, D. A. 1978）
- 「それぞれの文化の中で受け入れられている社会的ないしは対人的目標を達成するために，認知や行動を調整しながら，まとまりのある行為を展開していく能力」（Ladd, G. W. & Mize, J. 1983）

- 「他者からの正の反応を引き出し，負の反応を回避する手助けとなるような形で相互作用を行うことを可能にする，社会的に受容される学習された行動」（Cartledge, G. & Milburn, J. F. 1986）
- 「社会的，対人的な場面において円滑な人間関係を成立させ，いわば，うまくつきあっていくことができるために必要な社会的，対人的技術」（坂野 1995）
- 「他の人とのかかわりをもとうとする中で，相手の行動や感情，場の状況を理解して，それに応じて自分の行動を調節しながら遂行し，相手との関係を効果的な方向に導いたり，社会的な問題解決を行っていくことのできる能力」（牟田 1996）
- 「良好な人間関係を結び，保つための感情の持ち方および認知や行動の具体的な技術やコツ」（小林 2007）

などです．

(2) ソーシャルスキルは学ぶものか？

　私たちはソーシャルスキルを取り立てて学んだという記憶はありません．ある時代や文化に生き，人と交わるなかでそれと教わることなく自然に身につけていくもの，それがソーシャルスキルです．もちろん国や文化の違いによって，人間関係を良好に結び維持する方略が微妙に異なるでしょう．ある地域での社会的常識が，別の地域では非常識になることだってあるかもしれません．そんな場合でも，一般的にはその地域に暮らし始めてみると自然に身につけられ，地域に馴染むことができるのです．どうやって，意識することなく自然に身についたのか．これは，「見よう見真似」と「試行錯誤」によるものだといいます（小林 2005）．見よう見真似で学習するメカニズムを「モデリング学習」，試行錯誤で学習するメカニズムを「オペラント学習」と呼びます．見よう見真似と試行錯誤で学んだため，ソーシャルスキルを学んだ記憶がないのです．

　別の見方をすれば，①体験を通して習得され，②少しずつ段階を経て身に付き，③成功したスキルが身についていく，のです（小貫ら 2004）．また，訓練によってソーシャルスキルを覚えても，学校や地域で使うことができ（般化），そのスキルをずっと失わない（維持）必要があります．

イギリスの小中学校では，PSHE（人格・社会・健康教育 personal, social and health education）という教科を設定して，特にこうした能力の育成を図っています．現在，英国はさまざまな人種・国籍・宗教の人々が集まる多民族国家であり，違いがあることが大前提で国民集団を構成し，互いに尊重し認め合うことが必要とされるために，特に力を入れているのかもしれません．

(3) ソーシャルスキルの獲得を阻むもの

ところが，このソーシャルスキルの獲得を阻むいくつかの要因があります．たとえば，生育環境，恥ずかしがりの性格（状況シャイネス）といった軽度のものから，選択的緘黙，対人恐怖症（特性シャイネス），統合失調症など専門的治療を要する精神科疾患もあります．注意欠陥多動性障害や高機能広汎性発達障害などの発達障害も，ソーシャルスキルの発達に影響を与える大きな要因です．とくに，高機能広汎性発達障害の子どもたちについては，特性のひとつに「社会性の障害」があるのですから，ソーシャルスキルの発達に影響があるのは必須です．

このような人たちに対して，ソーシャルスキルを習得して対人関係をより円滑にし，日常生活をより苦痛なく過ごせるようになっていただこうというのが，ソーシャルスキル・トレーニング（SST）です．渡辺（1996）は，ソーシャルスキル・トレーニングを「人と人との付き合い方を学び，不足している知識を充足し，不適切な行動（非言語的な行動も含めて）を改善し，より社会的に望ましい行動を新たに獲得していく方法」であるとしています．ここでは，ソーシャルスキルは性格や自然習得するものと考えるのではなく，教育やトレーニングを受けることで高めたり，新たに身につけたりすることのできるスキル，技術であるというスタンスに立っています．

(4) ソーシャルスキルの構成要素

ソーシャルスキルを構成する要素は次の3つに大きく分けることができます．
① 対人スキル
② 社会的認知スキル

③　社会的行動スキル

① 対人スキル
　人に対する基本的信頼感や，人と関わりたいと思う動機があるかどうかということです．母親に抱かれて心地よい，自分ができないことを人に要求し，かなえてもらった経験がある，知らないことを教えてもらい役に立った，自分が面白いと思ったことを，人も面白いといって話が盛り上がった，困ったときに助けてもらったなど，人と関わりたい理由はさまざまです．安心感，要求をかなえる，知識の伝授，興味の共有や共感など，人と関わってプラスになったという認識が，人への基本的信頼感，人と関わりたいという動機をつくります．いうまでもなく，人を人と認識する能力も必要です．

② 社会的認知スキル
　社会的な状況を理解する，つまり社会的刺激を受容する力，および処理要素から成り立っています．具体的には，以下のスキルがあげられます．
・他者の感情・意図の理解：相手に注意を向け，声色やことば，表情・視線・ジェスチャーなどの手がかりを読み取り，感情や意図を推測します．
・役割取得能力：相手の立場に立って，心情を推し量り，それらを対人交渉に生かす能力のことです．
・ルールや習慣などの社会的概念の理解：年下や弱い人には一歩譲る，家庭と公共の場では許される行動の範囲が異なるなど，明文化されてなくても共通理解の得られるルールです．
・状況理解・判断力：社会的場面や語の文脈を理解します．
・問題解決の見通しを立てる：問題解決に必要な行動の理解，および手順の選択です．
・自分の行動について評価する力：自分自身の行動が，人にどのような影響を与え，それが良かったのか，良くなかったのか，という振り返りと評価する力です．

③ 社会的行動スキル
　理解された社会的状況のもとで実際におこす行動をさし，表現要素とも言

い換えられます．具体的には，以下のスキルがあげられます．
- 言語的行動のレパートリー：声の大きさ・高さ・抑揚，話の速さ，話題の維持や変更，話者交代
- 非言語的行動のレパートリー：物理的距離の取り方，心理的距離のとり方，相手を見る，顔の表情，ジェスチャー
- 行動の統制，感情表現の適切さ
- バランスのよい社会的相互作用：応答のタイミング，相槌やことばなど行動の選択，ほめる・質問する

以上の3つがバランスよく揃うことで，ソーシャルスキルがうまく発揮されます．

(5) ライフスキルとソーシャルスキル

WHO（世界保健機構）は，子どもたちに「日常生活の中で出会う様々な問題や課題に，自分で，創造的でしかも効果ある対処のできる能力」つまり「ライフスキル」の教育が重要であると提唱しています．ライフスキルの早期教育が，子どもたちを取り巻くさまざまな困難な状況から守り，HIV・エイズ感染予防などの健康教育，人権や社会情勢への意識，暴力からの回避，平和教育，発達支援教育につながるとしています．このライフスキルには，ソーシャルスキルが大きな要因のひとつとして取り上げられていますので，以下に引用します．

　ライフスキルは，以下の3つに要約することができます．この3つは互いに補い合い，強め合う関係にあります．
- ソーシャルスキルあるいは対人スキル：コミュニケーションスキル，交渉する・辞退するスキル，主張する，協調する，共感するなどの力が含まれます．
- 認知スキル：問題解決能力，行動の結果や影響の理解，意志決定，批判的思考，自己評価などから構成されます．
- 情緒に対処するスキル：ストレス対処，感情のマネージメント，自己マネージメント，自己評価などで構成されます．

子どもを適切に教育することで，さまざまな環境におかれても自らの問題に対処できる力をもって，困難を切り開いていくことができるとする考えは，教育の本来の目的を鋭くつくものです．

2 子どもの定型発達とソーシャルスキル

　子どもは成長するにつれ，心や体がダイナミックに変化を遂げていきます．そのために，年齢や発達の段階に応じて，人と触れ合ったときにみせる反応も異なります．周囲の大人は，人として適切なかかわり方，環境を提供することも大切ですし，また子ども自身も従来備わっている学習能力を発揮して，人とのやり取りを見よう見真似と試行錯誤で身につけていきます．子どものソーシャルスキルの変化は，大人との一対一の関係で成立するやり取りから，子ども集団の中で展開される社会性に富んだ活動へと，行動に変化をもたらします．近年，発達障害のある子どもたちは，市町村の乳幼児健診において就学までに発見されることが次第に増えてきました．就学までの子どもの定型的な心と体の変化，それに伴う行動の様子をまとめておきましょう．

(1) 1歳半まで

【粗大運動・微細運動】
　乳児は，首がすわり，お座りができ，つかまり立ち，伝い歩きができるようになるなど，布団に寝たきりの状態から抗重力姿勢である二足歩行へと，ダイナミックな運動発達を遂げます．さらに，物を握る力，物をつかむ指先の巧緻性などが発達し，両手に持った物を打ち鳴らす，床に物を置く，積み木などを積み重ねるなど，物の扱いが巧妙になっていきます．

【視覚】
　視力もしかりです．子宮の中は暗闇ですが，誕生して光を浴びてから視覚はぐんぐんと発達します．生まれたばかりのとき，視力は0.001程度と非常に弱く，前方数十センチしか見えませんが，生後6ヶ月で0.1，その後は数年かけてゆっくりと発達します（山口2005）．動くものを目で追いかける追視も，生後2ヶ月ころに可能となります．ですから，小さな赤ちゃんと遊ぶときには，こちらが視野に入り，焦点の合う位置まで顔を近づけます．それから，やさしく話しかける，「いないいないばあ」，ガラガラを鳴らすなど，私たちは視覚や聴覚を駆使して注意をひきつけ，何とか赤ちゃんの笑顔を引

き出そうとします．

　人の顔を周囲の背景から見分ける力，お母さんなど身近な人の顔を認識する力も，ソーシャルスキルの発達に欠かせません．お母さんが顔を近づけて声をかけると赤ちゃんがにっこりするという"社会的な微笑み"，知らない人が近づき抱っこしようとすると体をのけぞって泣き出す"人見知り"，お母さんが見えなくなるとハイハイして追いかけていく"後追い"，いずれも人をまず視覚的に認識し，身近な人であると特定した上に育った社会性の発達のなせる業です．おもちゃを触ろうと手を伸ばし，届かずになす術のない小さな赤ちゃんも，しばらくするとお母さんを振り返り，声を出して指差しし，お目当てのものをゲットするという行動をなし遂げるのです．

【聴覚とことば】

　聴覚は，胎内ですでに発達が始まっており，生まれたばかりの新生児に聴覚の検査をすると反応がみられます．赤ちゃんが自然に眠っている間に音を聞かせて脳の反応をみる，自動聴性脳幹反応や，耳に音を入れて内耳から放射される小さな音を記録する，耳音響放射などの検査があります．生後3ヶ月頃には，音のするほうを向き，泣いているときに声をかけると泣き止みます．生後6ヶ月頃には，ガラガラなど音のするおもちゃを好み，人に向かって声を出す，知っている人の声を聞き分けることも可能となります．聴覚の発達は，ことばを理解し話すために欠かせないものです．人の声を周囲の雑音から聞き分ける力，ことばの内容を認識する力は，人との関わりの中で育まれていきます．

【ことばとジェスチャー】

　人とのコミュニケーションに欠かせないことばの発達は，生まれてから着々と芽吹いています．生後3ヶ月ころには，話しかけると「アー」「ウー」などと声を出し，生後6ヶ月ころには自分から人に向かって声を出します．この頃の意味をなさない発声を喃語といいます．生後9ヶ月では，名前を呼ばれるとふり向き，「ダメ！」「コラ！」のことばを理解して立ち止まり，1歳ころには「マンマ（ご飯）」「ブーブー（自動車）」「ワンワン（犬）」など，意味のある発声もみられます．「ちょうだい」「ねんね」「おいで」など，簡

単な人のことばを理解することもできます．1歳半ころには，「おめめどこ？」で，自分の体の部分を指さし，名前を呼ぶと「ハーイ」と手を挙げて返事することもできるでしょう．明快なことばにならないことでも，人に意思を伝えたいという要求や，見せたい・見て欲しいという共感の力は，声色の変化や，指差し，目を見るなど，ことば以外のコミュニケーションツールの発達につながります．

【模倣する】
「ちょーち，ちょーち，あわわ」と大人が手遊びをやってみせ，子どもに手取り足取りやらせ，これをくり返していると，歌だけで同じ動作が少しできるようになります．これが模倣の力です．周りの大人は「上手ね」と大喜びでほめ，ほめられてうれしくなり子どもはまたやってみる．このような模倣の連鎖が，技の上達をもたらします．見よう見真似の始まりです．

(2) 3歳まで

【運動の発達】
1歳頃になると，ひとりでヨチヨチ歩き始めます．そのうち，両足とび，片足立ち，階段の昇り降り，かけっこなど，さまざまな動きを獲得します．手先も器用になります．折り紙，お絵かき，絵本をめくる，積み木あそびなど，目と手を協応する力が育ちます．
　行きたい所に自分で移動できるという自由を獲得すると，見たいもの取りたいものに近づく，親しい人に近づき抱っこを要求するなど，外界に対して積極的に関わりを持ちます．子ども同士が集まって，群れて遊ぶことも可能となります．おもちゃの取り合い，追いかけっこ，シーソーなど，1人ではできない遊びや行動が見られ始めます．

【ことば】
　意味のある単語が，1歳半ころには数個みられ，単語の数は2歳，3歳となるにつれて急激に増えていきます．単語が増えると，2つのことばを組み合わせて「パパかいしゃ」「マンマたべる」など二語文になり，伝えたい気持ちをことばに置き換えることができます．しかし，語彙や文の構成が不十

分で，「あのね」の後が続かないこともしばしばです．自分の名前や年齢，性別を答えることもでき，ぼく・わたしという自分の存在を意識し始めます．ことばによって，色や数など普遍的なものを表現する力が身につき，大きい小さい，長い短いなど複数のものを比較する力も育ちます．

【社会性】

人との関わりが急激に増える時期ですが，ソーシャルスキルはまだまだ未熟であり，交渉する，ことばで説得する，ルールを定める，などの高度なテクニックは持ち合わせていません．よって，思い通りにならないと泣く，駄々をこねる，という精一杯の方略で何とか意思を伝えよう，要求を通そうと小さな体でがんばっています．

○大人との関係：親や先生は，頼れる存在・一目おかれる人となり，「あぶないからダメよ」などの禁止や，「ちょっと待ってね」などのお願いが聞き入れられ，我慢ができ始めます．また「これしていい？」と許可を得ようとし，本を読んで欲しい，一緒にお絵かきして欲しい，外遊びや抱っこをしてほしいなど，大人にさまざまな要求をして一緒に楽しみたい，共感したいとアピールします．お友だちとケンカして，親にいいつけに来たり，母親が小さなきょうだいを抱っこしていると，やきもちをやいて押しのけたり，赤ちゃん返りをすることもあります．
○子ども同士の関係：子ども同士で手をつなぎ，笑い合って仲良くしていたかと思うと，おもちゃの取り合いなど，ケンカの絶えないのもこの時期の特徴です．お友だちの名前を言えるようになり，小さな子どもを抱こうとするなど，世話をやきたがります．

【身辺自立】

自分で，食事や排泄，身づくろいを整えることが，少しずつでき始めます．身の回りのことを自分でできることは自立心につながり，人との関わりにも影響を及ぼします．

食事は，手づかみからスプーン・フォークを経て，おはしを使って食べ物を何とか口に運ぼうとがんばります．排泄は，出てから親に伝え，次に出る

前に教えてくれます．おまるやトイレを使って用を足せるようになると，昼間はおしめともさよならですが，3歳では，時にはおもらしをすることもあるでしょう．衣類の着脱は，まず脱ぐほうが着るより簡単です．3歳では，下着や靴を自分ではき，帽子をかぶれるでしょう．手洗い，歯みがきなどの基本的な衛生保持の習慣は，3歳頃にはつけておくことができます．

(3)　5歳まで

【運動】

　ジャンプする，飛び降りる，けんけん，スキップなど，バランス感覚の必要な下肢の動きがみられます．遊具をさまざまに使いこなし，ブランコ，なわとび，まりつき，ジャングルジム，鉄棒，平均台，うんてい，コマつき自転車などが扱えるようになり，遊びの幅が広がります．

　積み木でタワーや線路，町並みを作る，砂場でお城やトンネルを作る，などの見立て遊びや，ままごとで役割を演じるなど，想像力の必要な遊びが展開されていきます．

【ことば】

　人との会話が成立し，保育所や幼稚園であったことを身近な大人に話し，テレビなどで見たことを友だちと話すなど，経験を共有することができます．「よせて」「かして」「〜しよう」など，ことばを使って人と交渉ができるようになります．文字や数字に興味をもち，自分の名前を読んだり書いたりしはじめます．

【社会性】

　子どもたちは，保育所や幼稚園などに通い始め，親から離れて集団生活を送ります．家庭にはない遊びの空間や環境，沢山の友だちや先生などの存在が子どもを大きく育み，集団生活を送るのに必要なソーシャルスキルを獲得していくのです．主張する，妥協する，競争する，勝敗を受け入れる，機会が均等になるよう順番や交代を導入する，ルールを設定しそれに従う，遊びに誘う，協力して作業する，弱いものに配慮する，役割を交代するなど，大人社会でも必要な基本的なソーシャルスキルは，集団生活における遊びや活

動の中で培われます．

　○子ども同士の関係：遊びには，複数で行うヒーローものなどのごっこ遊び，協働での製作，おにごっこ（ルールを理解する），じゃんけんで勝敗を決める，などがみられます．想像力を駆使した遊びや，ルールの元での競争，互いを意識してでき具合を見せ合うなど，交渉場面が沢山みられます．競争で張り合うこともあり，負けるとくやしがったり自慢したりします．また，自分が叱られたことを他児がすると，注意したり大人に言いつけます．互いに逸脱する行動をいさめるため，社会的なルールが集団として守られることになります．
　○大人との関係：親や先生は，社会的ルールを学ぶべき，規範となる人と認識しており，出された指示に従い，注意された行動を止め，遊びや外出の許可を得る，などの行動をとります．また，ほめられると得意になり，何度もやって見せてくれます．

【身辺自立】
　5歳では，排泄，食事，衣類の着脱，洗面など，ほぼ自立できているでしょう．排泄後におしりが拭け，お箸で食事をし，上着を1人で着る，歯みがき・顔を洗って拭く，などが，介助なくてもできるようになります．
　自分に余裕ができますので，箸を並べるなどの簡単なお手伝いもできるでしょう．

　以上の3つの時期を社会性と遊びについて要約すれば，

・社会性
　　1歳半まで：親から子どもに働きかける時期
　　3歳まで：子どもから親に働きかける時期，子ども同士のやりとりの芽
　　　　　　生え
　　5歳まで：親や先生を基地として子ども同士で関わりを広げる時期
・遊び
　　1歳半まで：五感を刺激する

3歳まで：操作性を高める
　5歳まで：社会性を育む

が大切ということになるでしょうか．

3　発達障害児におけるソーシャルスキルとその課題

(1)　発達障害とは何か

「発達障害」とは，疾患名ではなく状態をあらわす用語です．そのため，発達障害が示す疾患は，医療や福祉，教育など，分野によって微妙に異なります．学術的な用語と，行政政策上用いられるものとは，表現する目的が異なるのですからやむなしです．少々細かな話になりますが，この本で対象とする発達障害について，確認しておきたいと思います．

①　医学領域の発達障害

医学領域では，今から50年以上も前に「知的に遅れがないものの中枢神経系の微細な機能異常によって，学習や行動に異常のみられる小児疾患」として報告され，その疾患名は順次改められてきました（星野ほか1992）．時代に沿って順を追ってみると，以下のようになります．

- 脳損傷児（Brain Injured Child）：1947年シュトラウスが「多動，不器用，行動の学習の障害」により特徴づけられる子どもの脳障害を初めて提唱（Strauss et al. 1947）．
- 微細脳損傷（MBD：Minimal Brain Damage）：1959年パサマニックらが「妊娠中あるいは出産前後に起こった脳の微細損傷による障害で，知能は正常である子どもの疾患」を報告（Knobloch & Pasamanick 1959）．
- 微細脳機能障害（MBD：Minimal Brain Dysfunction）：1962〜63年，英国と米国において，「脳損傷」の語感が致命的印象を与えること，特定の脳損傷に基づく疾患と紛らわしいなどの理由から微細脳機能障害と用語が改められる．日本では，1968年に初めて日本小児科学会のシンポジウムで取り上げられる．
- 学習障害（LD：Learning Disabilities）：1963年カークが「治療教育に方向性を与える用語」として提唱（Kirk et al. 1963）．アメリカではこ

れ以降1975年の全障害児教育法をはじめ法律が整備され，サービスが提供され始める．

アメリカ精神医学会および世界保健機構（WHO）は，上記の学習障害や微細脳機能障害に相当する疾患を行動面や学習面に着目して分類し，改定を重ねています．また，この2つの機関が発行する，「精神疾患の診断統計マニュアル（DSM）」（アメリカ精神医学会），「国際疾病分類（ICD）」（WHO）は，医学における国際標準の診断基準になっており，たがいに影響しあい改訂を重ねています．DSMの最新版は2000年発行の第4版「DSM-IV-TR」，ICDの最新版は1992年発行の第10版「ICD-10」です．

疾患名としては，両者に若干の用語の違いがあるものの，およそ次のように整理されています．
◇特異的発達障害：学習障害，発達性言語障害，発達性協調運動障害
◇注意欠陥多動性障害（多動性障害）

医学領域で「発達障害」という場合，発達期におけるさまざまな障害という意味で広く精神遅滞，脳性まひ，てんかんなどをさすこともありますが，近年は「非進行性の，脳の高次脳機能障害が，18歳未満の発達期に生じるもの」（宮本2003）をさし，上記疾患に知的障害のない広汎性発達障害などを加えて，

- 高機能広汎性発達障害（HFPDD）：高機能自閉症，アスペルガー症候群
- 特異的発達障害：学習障害，発達性言語障害，発達性協調運動障害
- 注意欠陥多動性障害（ADHD）
- 精神遅滞境界域

を意味するようになりました．
なお，上記の疾患群はDSM-IV-TRでは「通常，幼児期，小児期または青年期に初めて診断される障害」のカテゴリーに，ICD-10では「精神遅

滞」「心理的発達の障害」「小児期および青年期に通常発症する行動および情緒の障害」の 3 つの診断カテゴリーに分類されているという違いがあります．

また，学習障害（LD）という用語は，医学で用いられる LD（Learning Disorders）と，教育で用いられる LD（Learning Disabilities）とで定義が若干異なります．近年アメリカなどでは，LD を Leaning Differences，つまり学び方が違うというとらえ方が提唱されています（ゲイリー・フィッシャーら 2008）．医学では，教育分野のような包括的な概念ではなく，読字障害，書字障害，算数障害などの個々の疾患に分けられています．

② 福祉行政の発達障害

行政の領域では，2005 年 4 月 1 日に「発達障害者支援法」の施行令が公布され，これまで従来の制度が対象としてこなかった新たな障害が法律に規定されました．ここでいう発達障害は次のように定義されています．

> 「発達障害」とは，自閉症，アスペルガー症候群その他の広汎性発達障害，学習障害，注意欠陥多動性障害その他これに類する脳機能の障害であってその症状が通常低年齢において発現するものとして政令で定めるものをいう．

つまり，以下の疾患となります．

・広汎性発達障害（自閉症，アスペルガー症候群等）
・学習障害
・注意欠陥多動性障害
・その他これに類する脳機能の障害であってその症状が通常低年齢において発現するもの
　　言語の障害および協調運動の障害
　　心理的発達の障害ならびに行動及び情緒の障害

広汎性発達障害は，知的障害の有無を問われていませんので，ここでは知的障害のある自閉症も含まれていることになります．

また，2006年4月に施行された「障害者自立支援法」により，障害児福祉は「児童福祉」の理念から切り離されました．発達障害が福祉の対象となる可能性は広がりましたが，発達障害の分野は規定されておらず，医師の意見書のチェック項目にはない社会生活上の困難さや支援の必要性を，どこまで特記事項に記載できるかという知識や能力が必要となり，医師の専門性が問われます（大屋 2006）．

③　文部科学省の発達障害
　医学や福祉領域では，子どもの発達課題を周囲の指摘や自らの気づきを経て，保護者が手立ての必要性を認識し，各機関を訪れます．しかし，教育の分野では特有の課題を抱えてきました．乳幼児健診で何も指摘されない子どもたちが，幼稚園・保育所を経て，保護者や学校側が発達支援の必要性に気付かないまま，小学校という大きな集団に入ります．担任は，子どもを前にして経験則では解決できない教科指導や学級運営上の問題に直面し，対応に苦慮しました．すべては担任の裁量に任され，学校全体，社会全体の課題として共通理解は得られず，「学力不振児」や「落ちこぼれ」との混同もありました．一斉指導では授業の理解が進まない，集団場面でのトラブル，不登校やいじめなどの集団不適応の状況に至り，初めて医療機関を受診し，発達障害と気付かれる場合も少なくありませんでした．このように，従来特別な配慮や支援が無用と考えられていた通常学級で，いち早く対応を迫られたのです．
　このような状況の中，1990年「全国学習障害児・者親の会連絡会（現・全国LD親の会）」が設立され，行政を動かす大きな力となりました．ここから2年間，文部省は「通常学級に関する調査研究協力者会議」でLDについて検討し，1992年には「学習障害及びこれに類似する学習上の困難を有する児童生徒の指導方法に関する調査研究協力者会議」が発足．1995年に中間報告が，1999年に「学習障害児に対する指導について（報告）」が発表され，LDの定義と支援形態，診断・実態把握基準（試案）が提示されました．そこでのLDの定義は以下のとおりです．

　学習障害とは，基本的には全般的な知的発達に遅れはないが，聞く，話

す，読む，書く，計算する又は推論する能力のうち特定のものの習得と使用に著しい困難を示す様々な状態を示すものである．学習障害は，その原因として，中枢神経系に何らかの機能障害があると推定されるが，視覚障害，聴覚障害，知的障害，情緒障害などの障害や，環境的な要因が直接的な原因となるものではない．

このように，LDを軸として発達障害児の調査が進められ，ADHD，次いで高機能広汎性発達障害の存在が紐解かれていきます．

省庁再編後，文部科学省は「21世紀の特殊教育の在り方について（最終報告）」（文部科学省2001）を発表し，盲・聾・養護学校の就学基準の見直し，通常学級に在籍する発達障害の子どもへの支援の必要性を明らかにしました．さらに全国小中学校を対象に調査を行い，発達障害の行動特性を有する子どもたちが6.3％存在することを発表しました（文部科学省2002）．その内訳は以下のとおりです．

「学習面で著しい困難」とは，下記のA
「行動面で著しい困難」とは，下記のBかC

A 「聞く」「話す」「読む」「書く」「計算する」「推論する」に著しい困難を示す　4.5％
　　　（LDが疑われる生徒）
B 「不注意」又は「多動-衝動性」の問題を著しく示す　2.5％
　　　（ADHDが疑われる生徒）
C 「対人関係やこだわり等」の問題を著しく示す　0.8％
　　　（高機能自閉症等（HFA）が疑われる生徒）

　　　学習面か行動面で著しい困難を示す　6.3％
　　　学習面で著しい困難を示す　4.5％
　　　行動面で著しい困難を示す　2.9％
　　　学習面と行動面ともに著しい困難を示す　1.2％
　　　　　AかつB　1.1％

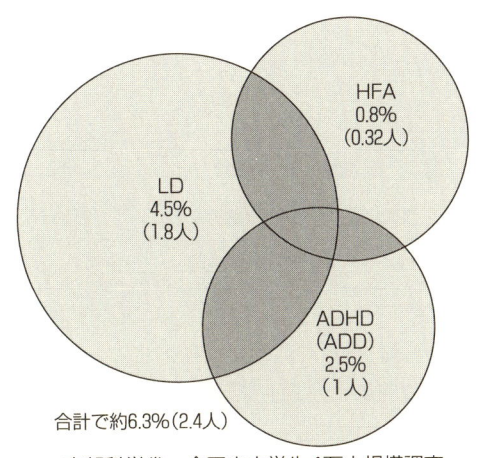

```
           HFA
           0.8%
          (0.32人)
  LD
  4.5%
 (1.8人)
           ADHD
           (ADD)
           2.5%
           (1人)

合計で約6.3%(2.4人)
```

文部科学省　全国小中学生4万人規模調査
(数値は,その診断ではなく,チェックリストによる傾向を示す)

BかつC　0.4％
CかつA　0.3％
AかつBかつC　0.2％

　ADHD，LD，高機能広汎性発達障害は医学的疾患名ですが，文科省でも教育現場においてその概念を周知する必要性から，DSM-Ⅳなどを参考として，ADHDと高機能自閉症の定義と判断基準を提示しました（文部科学省 2003）．
　以下にその定義と判断基準を示します．

ADHD

【定義】　ADHDとは，年齢あるいは発達に不釣り合いな注意力，及び／又は衝動性，多動性を特徴とする行動の障害で，社会的な活動や学業の機能に支障をきたすものである．
　また，7歳以前に現れ，その状態が継続し，中枢神経系に何らかの要因による機能不全があると推定される．

【判断基準】

　以下の基準に該当する場合は，教育的，心理学的，医学的な観点からの詳細な調査が必要である．

1. 以下の「不注意」「多動性」「衝動性」に関する設問に該当する項目が多く，少なくとも，その状態が6ヶ月以上続いている．	
	○不注意 ・学校での勉強で，細かいところまで注意を払わなかったり，不注意な間違いをしたりする． ・課題や遊びの活動で注意を集中し続けることが難しい． ・面と向かって話しかけられているのに，聞いていないようにみえる． ・指示に従えず，また仕事を最後までやり遂げない． ・学習などの課題や活動を順序立てて行うことが難しい． ・気持ちを集中させて努力し続けなければならない課題を避ける． ・学習などの課題や活動に必要な物をなくしてしまう． ・気が散りやすい． ・日々の活動で忘れっぽい．
	○多動性 ・手足をそわそわ動かしたり，着席していてもじもじしたりする． ・授業中や座っているべき時に席を離れてしまう． ・きちんとしていなければならない時に，過度に走り回ったりよじ登ったりする． ・遊びや余暇活動におとなしく参加することが難しい． ・じっとしていない．または何かに駆り立てられるように活動する． ・過度にしゃべる．
	○衝動性 ・質問が終わらないうちに出し抜けに答えてしまう． ・順番を待つのが難しい． ・他の人がしていることをさえぎったり，じゃましたりする．

2．「不注意」「多動性」「衝動性」のうちのいくつかが7歳以前に存在し，社会生活や学校生活を営む上で支障がある．

3．著しい不適応が学校や家庭などの複数の場面で認められる．

4．知的障害（軽度を除く），自閉症などが認められない．

高機能自閉症

【定義】 高機能自閉症とは，3歳位までに現れ，①他人との社会的関係の形成の困難さ，②言葉の発達の遅れ，③興味や関心が狭く特定のものにこだわることを特徴とする行動の障害である自閉症のうち，知的発達の遅れを伴わないものをいう．

また，中枢神経系に何らかの要因による機能不全があると推定される．

【判断基準】

以下の基準に該当する場合は，教育的，心理学的，医学的な観点からの詳細な調査が必要である．

1．知的発達の遅れが認められないこと．

2．以下の項目に多く該当する．

○人への反応やかかわりの乏しさ，社会的関係形成の困難さ
- 目と目で見つめ合う，身振りなどの多彩な非言語的な行動が困難である．
- 同年齢の仲間関係をつくることが困難である．
- 楽しい気持ちを他人と共有することや気持ちでの交流が困難である．

【高機能自閉症における具体例】
- 友達と仲良くしたいという気持ちはあるけれど，友達関係をうまく築けない．
- 友達のそばにはいるが，1人で遊んでいる．
- 球技やゲームをする時，仲間と協力してプレーすることが考えられない．

- いろいろな事を話すが，その時の状況や相手の感情，立場を理解しない．
- 共感を得ることが難しい．
- 周りの人が困惑するようなことも，配慮しないで言ってしまう．

○言葉の発達の遅れ
- 話し言葉の遅れがあり，身振りなどにより補おうとしない．
- 他人と会話を開始し継続する能力に明らかな困難性がある．
- 常同的で反復的な言葉の使用または独特な言語がある．
- その年齢に相応した，変化に富んだ自発的なごっこ遊びや社会性のある物まね遊びができない．

【高機能自閉症における具体例】
- 含みのある言葉の本当の意味が分からず，表面的に言葉通りに受けとめてしまうことがある
- 会話の仕方が形式的であり，抑揚なく話したり，間合いが取れなかったりすることがある

○興味や関心が狭く特定のものにこだわること
- 強いこだわりがあり，限定された興味だけに熱中する．
- 特定の習慣や手順にかたくなにこだわる．
- 反復的な変わった行動（例えば，手や指をぱたぱたさせるなど）をする．
- 物の一部に持続して熱中する．

【高機能自閉症における具体例】
- みんなから，「○○博士」「○○教授」と思われている（例：カレンダー博士）
- 他の子どもは興味がないようなことに興味があり，「自分だけの知識世界」を持っている
- 空想の世界（ファンタジー）に遊ぶことがあり，現実との切り替えが難しい場合がある
- 特定の分野の知識を蓄えているが，丸暗記であり，意味をきちんとは理解していない

	・とても得意なことがある一方で，極端に苦手なものがある ・ある行動や考えに強くこだわることによって，簡単な日常の活動ができなくなることがある ・自分なりの独特な日課や手順があり，変更や変化を嫌がる
	○その他の高機能自閉症における特徴 ・常識的な判断が難しいことがある． ・動作やジェスチャーがぎこちない．
3．社会生活や学校生活に不適応が認められること．	

「今後の特別支援教育の在り方について（最終報告）」（文部科学省2003）では，「障害のある児童生徒一人一人の教育的ニーズに応じて適切な教育的支援を行う「特別支援教育」への転換」が打ち出され，2006年「学校教育法等の一部を改正する法律」が成立．戦後の「特殊教育」は「特別支援教育」への制度転換を遂げ，2007年4月から特別支援教育「法制」元年を迎えています．

なお，文部科学省はこれまで「LD，ADHD，高機能自閉症等」と表記していましたが，2007年，省庁間の連携のしやすさや人々の理解促進のために，「発達障害支援法」の「発達障害」を用い，知的障害のない発達障害を表す「軽度発達障害」の用語は，意味する範囲が明確ではないことから使用しない，と通知しています．

④ 諸機関の連携と子どもの支援

このように，医療，福祉，教育と，それぞれの分野で発達障害への対応を行ってきましたが，分野ごとに独自に突き進むのではなく，互いに情報を共有し連携を密にする必要性が謳われています．乳幼児健診を中心とする母子保健事業と保育所・幼稚園の連携，保育所・幼稚園から小・中学校・高校，専門学校・大学など教育機関の連携，教育と医療の連携，さらに高等教育卒業後から労働・福祉行政へと，子どものライフサイクルに沿った生涯にわたる支援が，保護者を核として行われることが重要です．互いに積み上げてき

たものが，年度が変わるごとにリセットされることのないよう，たすきをしっかり次に渡すべきなのです．幼児期に培ったソーシャルスキルが小学校でどのように定着し，中学・高校でいかに磨かれ，社会でどのように開花するのかを，保護者と共に地域で見極め支援できる体制が望まれるところです．

⑤　本書で扱う発達障害

このように，発達障害とは複数の疾患をあわせた概念です．この中で，特にソーシャルスキルに課題があり，人との関わりや集団生活のなかで，ソーシャルスキル・トレーニングや周囲の環境整備，理解教育を必要とする代表的疾患は次の2つです．

・高機能広汎性発達障害（HFPDD）
・注意欠陥多動性障害（ADHD）

もちろん，この子どもたちはLDや発達性協調運動障害など，他の発達障害を合併することが少なくありませんが，社会性の問題に焦点をあてる便宜上，この二疾患を中心に話を進めていきたいと思います．

(2)　高機能広汎性発達障害とソーシャルスキル

高機能広汎性発達障害ということばについて，確認しておきましょう．

まず，DSM-Ⅳ-TR，ICD-10には，広汎性発達障害（PDD：Pervasive Developmental Disorder）という用語が用いられています．この疾患概念には，自閉性障害に加えて，レット障害[1]，小児期崩壊性障害[2]，アスペルガー障害，特定不能の広汎性発達障害の5つの障害が含まれており，いずれも①相互的対人関係の質的異常，②コミュニケーションの質的障害，③幅が狭く反復的・常同的である行動・興味・活動のパターン，の3つの領域に障害がある発達障害です．

---

1)　女児におこる進行性の神経疾患．生後7〜24か月に発症し，知能や言語・運動発達が遅れ，頭囲の増加が減速する．手をもむ常同運動，過呼吸などが特徴的である．
2)　2歳までは正常発達をみるが，その後10歳までに言語，社会的技能や適応行動，排泄機能，遊び，運動能力の喪失をみる，まれな疾患．

この中で，高機能広汎性発達障害（HFPDD：High Functioning Pervasive Developmental Disorder）とは，知的障害のない，知能指数（IQ）70以上の広汎性発達障害です．臨床上は，レット障害，小児期崩壊性障害は重い知的障害を伴うため，アスペルガー症候群，および自閉性障害・特定不能の広汎性発達障害のうち高機能の症例をさすこととなります．
　一方，他にも診断基準があります．イギリスの児童精神科医ローナ・ウイングの提唱する自閉症スペクトラム概念です．自閉症からアスペルガー症候群，その周辺にあるどちらの定義も厳密には満たさない一群を加えた広い概念で，これらを厳密に分類するのではなく，連続したひと続きのものとみなします．共通していることは「三つ組」の障害がある点です．「三つ組」の障害とは，①社会性の障害，②コミュニケーションの障害，③想像力の障害（こだわり），の3つです．ここにも，知的障害のない一群が存在します．
　実際には，子どもたちの診断名を保護者から聞き取れば，医療機関や医師によって診断名が統一されておらず，戸惑われるかもしれません．どのような基準を用いて診断がなされたのかによって，用語が異なるからです．ここでは，私たちが臨床上対象とする，知的障害のない「三つ組」の障害のある子どもたちの特性について，まとめておきます．

① 社会性の障害
　年齢相応の仲間関係を築くことができない，ということが診断基準ですが，幼児期前半は，人見知りや後追いがなかった，やや一方的に自分の要求を伝える，会話が続かない，夢中になっていると呼名に反応しない，視線が少し合いにくいときがある，などで気づかれます．
　幼児期後半からの集団生活では，ひとり遊びが多い，指示が入りにくい．小学校以降では，集団行動になじみにくい（1人での行動が多い，3人以上での会話に乗りにくい，思ったことをストレートに口にしてしまう，全体の流れを見て行動しづらい，夢中になると次の行動に移せない，など）ことで，気づかれます．根底にある，人とのかかわりのタイミングや方法がわからない，という対人関係の障害に気づかれないと，自分勝手で友だちと仲良くしない変な子だと評されてしまうでしょう．
　知的発達の遅れがないために，これくらいできて当然と思われ，どのよう

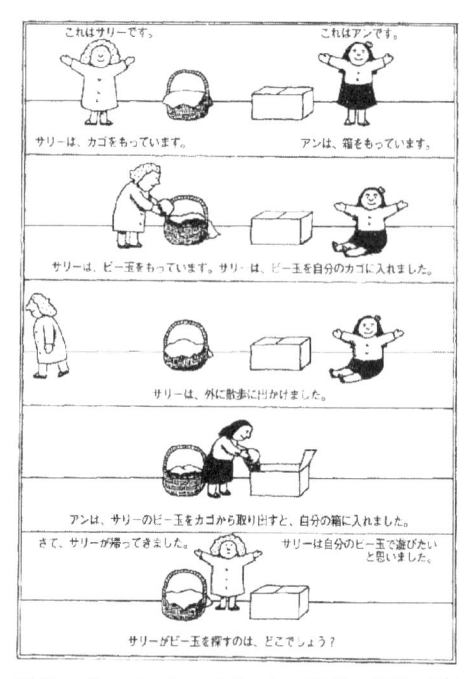

正解は「かごの中」だが、心の理論の発達が遅れている場合、「箱」と答える。
サリーとアン課題
(ウタ・フリス著，冨田真紀ら訳『新訂 自閉症の謎を解き明かす』東京書籍，2009年より)

に話しかけるか，タイミングや方法を自然と身につけることのできない高機能広汎性発達障害の子どもには，周囲の理解と関わりが重要な鍵となります．

対人関係の障害は，孤立型，受動型，積極奇異型，の3つに分類することができます．孤立型は，人との交わりをあまり持たないタイプ，受動型は，人の指示に従い行動をとるため，広汎性発達障害であると見逃されることの多いタイプ，積極奇異型は，一方的ながらも人に積極的に関わろうとするタイプです．幼児期に，ひとり遊びが多く孤立型とされていた子どもが，次第に集団での様子に変化が見られ，指示に良く従う（あるいは指示がないと動けない）ため，よく言うことを聞くようになった，あるいは自閉症がよくなったと喜ばれていることがありますが，本人の理解を伴わない適応状態であることも疑われ，過重なストレスを生み出しますので，要注意です．

広汎性発達障害の人は,「心の理論」の獲得に困難があるといわれています．これは，他者の知識状態を理解できる機能のことで,「サリーとアン課題」（左図）などを使って評価します．自分が知っていることは，相手も知っている，と思い込んだり，自分の知っていることを他者が知らないこともある，ということを理解するのに困難を伴います．このような状況が，対人関係障害の原因であろうとする理論です．

② コミュニケーションの障害
　コミュニケーションは，大きく二つ，ことばのコミュニケーションと，ことば以外のコミュニケーションに分けることができます．

○ことばのコミュニケーション
　基本的には，ことばの発達の遅れがないことが特徴であり，知的障害を伴う自閉症（自閉性障害）と異なる点です．文法や，発音などには，問題はないとされていますが，語用論の障害，イントネーション，声の強弱の調整が難しい，などの特性がみられることにより，人とのかかわりでさまざまな齟齬を生じることがあります．語用論の障害とは，例えば「骨が折れる」の意味を，苦労することでなく骨折のことと理解するなど，ことばを字義通りにとる．あるいは散らかった部屋を見て「まあ，きれいな部屋ね」という母親の発言を，皮肉であると解釈するのが困難，などの特性を示します．人に挨拶をしましょうと教えられ，ことば通りに実践し，知らない人にまでも積極的に挨拶し,「今どき感心な青年だ」と評価されることもあります．前後の文脈から，ことばの持つ意味が変化することや，行間に込められた意味を理解しにくいのです．
　また，思ったことを口にしますので，禁煙の車中でタバコを吸っている人を見て,「あの人タバコ吸ってる」と大きな声で母親に訴える．あまり口にすべきでない身体的な特徴（頭髪の薄さ，顔の皺，太っていることなど）を悪びれずに指摘する，などの特性もあります．ことばの抑揚をつけずに淡々と話す．声のトーンが非常に高い，あるいは逆に低いこともあります．生まれ育った地域の方言が定着しにくいことも，よくみられます．相手や自分の立場によって話し方を変える，例えば年上の人に敬語で話す，年下の人にや

わらかく話す，などは難しく，誰にでも丁寧に敬語で話す，あるいは誰に対してもためロである，ということがあり，礼儀正しいとプラスに評価されていることもあれば，逆に礼儀を知らないとマイナスの評価を受けることもあります．

・幼児期前半：ことばの発達が大きく遅れることはありませんが，語彙の増えがやや遅かった，ことばを発するより文字（数字，平かな，カタカナ）の読みに興味を示した，急にことばが伸びて 1 歳半でぺらぺら話しはじめた，最初に話したことばが数字であった，自分でことばを作った，何度も同じ質問をくり返すなど，定型発達ではあまりみられない特徴を示すことがあります．よって，若干気がかりなことがあるという理由で，1 歳半や，3 歳児健診で，もう一度来てくださいといわれることがありますが，日常に困らない程度に会話が可能となると，経過観察も終了になることが多いでしょう．

・幼児期後期：日常生活を送るのに，困らない程度のことばの発達を遂げているでしょう．しかし，先ほどの語用論の障害による，理解されにくい言動は，主として集団場面で目立ち始めます．また，特殊な専門用語はよく知っているのに，当然知っているであろう簡単な単語の意味を知らないので驚いた，というエピソードはよくきかれます．

○ことば以外のコミュニケーション：

　視線，ジェスチャー，表情などをさします．人と人のコミュニケーションには，「目は口ほどにものをいい」ということわざにもあるように，ことばと同様，あるいはそれ以上に視線や相槌などが重要なツールとなります．ある当事者の方は，人と会話をするときに視線を合わせようとすると，非常に努力を要するので，会話の内容に集中できない，といいます．その方と話しをしていると，視線が合わないため，最初は無視されているような錯覚にとらわれますが，会話自体は成立していたので，改めて本人のつらさや特性に気づかされました．表情なども動きにくく，どんなときにも淡々と話す，あるいは逆に「芝居じみた」大きすぎるジェスチャーであることもあります．

・幼児期前期：自分から何かを要求するときにはしっかり視線が合うが，こちらの働きかけには合いにくいなどで，気づかれます．

・幼児期後半：表情や体の動きがやや硬い（特に新しい場面や人に対して），逆にだれにでも同じように関わることもあります．

③　想像力の欠如

目に見えないことを想像するのが苦手なため，見通しの立ちにくい新しい人や場所に慣れるのに，非常に時間がかかります．予定の変更にも，大きな抵抗や混乱を示します．また，立場や状況によってさまざまに変化する人の気持ちの理解も容易ではありません．こだわりは，この想像力の欠如による不安を，何かに固執することによって軽減しようとする行動と理解されています．集団生活は，新しいことの連続です．特に，学校生活では入学や新学期など，流れをつかみ落ち着いた生活を送るまでに時間を要します．また，個人ではなく集団が全体として評価を受ける行事，運動会や生活発表会，音楽発表会の練習などでは，彼らが気づきにくい評価によって，リハーサルの中断とやり直しが繰り返されるので，とても苦手な活動でしょう．

④　その他

感覚の過敏，特に聴覚の過敏があり，赤ちゃんの泣き声，雑踏のざわめき，トイレの手の乾燥機など，様々な生活音を極端に嫌うことがあります．感覚的な不快感が原因ですので，なかなか受け入れられず，耳を塞ぐ，その場を避ける，活動そのものを拒否するなど，強く抵抗を示すことがあります．

高機能広汎性発達障害は，以上のような特性があるために，人との関係を築くのに困難を伴うのです．

(3)　注意欠陥多動性障害とソーシャルスキル

DSM-IV-TR では，注意欠陥多動性障害（ADHD：Attention-Deficit/Hyperactive Disorder），ICD-10 では，多動性障害（HD：Hyperkinetic Disorders）という用語が用いられています．よく使われている診断名は，

前者の ADHD でしょう．

　DSM-IV-TR の診断基準は，不注意・多動・衝動性の3つを柱とする諸行動から構成されています．その特性の重複状況から，不注意優勢型，多動衝動型，混合型の3つに分けることができ，不注意優勢型は女性に多く，後者の2つは男性に多いタイプとされています．ADHD の子どもたちがどのくらいいるのか，国や地域，診断基準やデータの集め方によって若干幅があり，3～5％と報告されています．日本では，文部科学省が 2003 年に行った全国調査において 2.5％と報告され，通常学級における支援の必要性が注目されました．また，男子：女子は 4：1～9：1 と男子に圧倒的に多いのも特徴的です．

　ADHD は，対人関係障害やコミュニケーション障害があるわけではなく，他者の心情を読むことや，ことばやジェスチャーの問題も，基本的にはないとされています．しかし，子どもたちの成長発達に伴い，広汎性発達障害（PDD）と共通する課題がみえかくれすることがあります．幼児期後期に，幼稚園や保育所，あるいは家庭において，集団行動から逸脱する，先生や親の指示が入りにくい，などがみられることです．その原因を，ADHD の特性から解釈すると，一斉支持が耳に入らない（不注意），興味関心のあるものを見ると寄っていく（衝動性），思ったことをつい口にしてしまう（衝動性），じっとする場面で体を保持できない（多動），ということになります．善悪の判断や，自分が求められている立場などを理解できないわけではなく，容易に注意がそれて聞けない，聞こえても容易に他の刺激で消去される，まさに今関心のあるところが優先される，という特性が原因です．

　人への関心には問題はなく，明るくノリのよいタイプや，遊びの天才と称されるほど面白いことを思いつく，マイペースで発想がユニークであるなど，友人関係はむしろ良好に結べるでしょう．しかし，人の意見が聞き入れられず自分の意見を主張しすぎる，ボス的に思い通りに周囲を動かそうとする，思い通りにならないと感情的になって手や足が出てしまう，あるいはすぐに幼児のように泣き出す，すねる，などの行動がみられると，友人関係の維持が難しくなります．何を考えているのか，わが子ながらつかみにくいという保護者の悩みも聞かれることがあります．自己の行動と感情のコントロールに課題があるために，他者と歩調を合わせるというスキルが拙く，一般的に

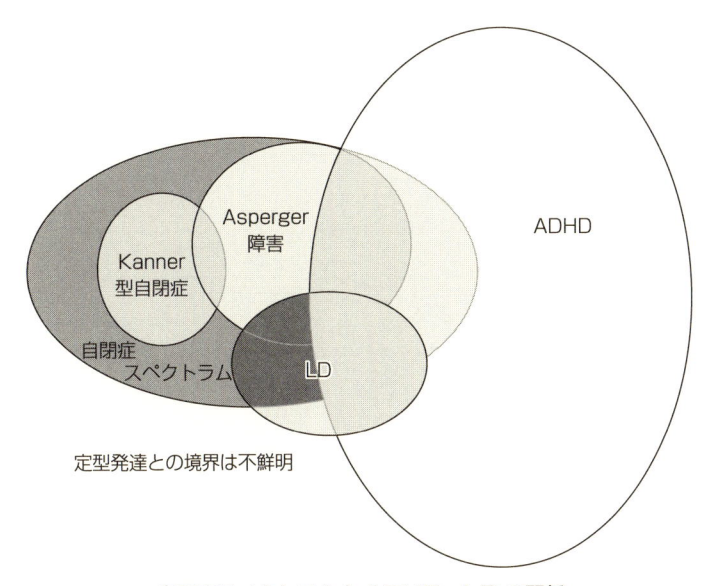

自閉症スペクトラムとADHD，LDの関係
(宮本信也，田中康雄責任編集『発達障害とその周辺の問題』中山書店，2008年より)

も幼いと称されるのです．

　医学的な原因として，ADHDには中枢神経刺激剤であるメチルフェニデート[3]（商品名コンサータ）が約70％の症例で有効であることから，脳の神経伝達物質に関わる領域の問題があると推測されています．また，2009年6月には新たにノルアドレナリン再取り込み阻害剤（商品名ストラテラ）が発売され[4]，薬物治療の選択肢の広がりが期待できます．

---

3) リタリン® は，不正譲渡やインターネット上での不正販売，安易な処方による薬物乱用などが社会問題となり，2007年10月うつ病が適応症から外れた．現在は，ナルコレプシーのみが適応症となり，2008年1月以降処方できる医師は専門医のみとされ，事実上ADHDに対して処方することは不可能となった．一方，長期作用型のコンサータ® が，2007年10月に本邦初のADHD治療薬として承認され，12月より発売が開始された．処方できる医師，薬剤師，病院，薬局は登録制として限定され，流通管理システムが導入された．コンサータ® には，18 mgと27 mgの2種類あり，1日1回朝に服用すると速やかに効果が発現し，約12時間効果が持続するため，昼間学校等での服用が不要である．なお適応年齢は，6歳以上18歳までの小児に限られ，成人には投与できない．

神経心理学の領域では，Barkley（1998）が実行機能障害という概念を導入し，ADHDでは，作業記憶，言語の内面化，情緒の自己抑制，創造的あるいは柔軟な問題解決能力の欠如が生じていると説明しています．

　先生や保護者など，大人の関わりは重要です．行動を制御しようという意図で，子どもを叱責することが多いのですが，驚くほど効果が期待されません．そればかりか，「どうせ僕なんて…」と自己否定し，大人のことばを聞き入れる耳さえ持ち合わせなくなります．強く叱れば，叱られたくないために，次は同じ過ちをしないと誓いますが，叱られた次の瞬間ケロッと悪びれない表情に変わる，何度同じ注意をしても効果がない，など大人も対応に困り果てます．そこに，ADHDと診断される所以があるのです．子どもたちは決して意図的に大人を困らせたいのではなく，発達障害による制御の課題，生き方の困難があると理解して欲しいのです．しかし，手の打ちようがないと放置しては診断の意味がありません．子どもの特性を理解したうえで，効果的な対応を検討することが不可欠です．

4）　ストラテラ® は従来のADHD治療薬とは作用機序が異なり，脳内の前頭前野でのノルアドレナリンの再取り込みを阻害する非中枢神経刺激薬で，小児（6歳以上〜18歳未満）のADHD治療の新たな選択肢となる．2003年1月の米国での発売以来，現在84ヶ国で承認されている．また，一部の国では成人のADHDに対しても承認されている．投与開始2週間程度で穏やかに効果が現れ，6〜8週間で安定した効果が得られる．依存・乱用のリスクが低いことも特徴．

4 気づきのヒント・対応のポイント
　　——保護者の悩み，周囲の気がかりから

　発達障害のある子どもたちの社会性の課題について，乳幼児健診や発達相談などにおいて保護者や保育所・幼稚園の先生方からよく訴えられることを，年齢別に整理していきましょう．

(1) 乳児期

　乳児期というのは，乳飲み子である満1歳までを指します．市町村では，生後6ヶ月までに1回，その後1歳までに1回の乳幼児健診が行われます．例えば生後4ヶ月と8ヶ月という具合です．この時期は，子育ての基本となる，安全，栄養，衛生面での対応が求められます．授乳する，離乳食を与える，おしめをかえる，沐浴する，予防接種を受けに連れて行くなど，保護者は大忙しです．

　この時期に，発達障害ではないかと親御さんたちが心配され，保健所や医療機関を訪れる，あるいは保健所で積極的に二次健診を勧められることは，多くありません．しかし，発達障害の診断を下した後に，過去をさかのぼって乳児期の様子を尋ねると，気がかりな点が見られることもあります．

- ひどく泣く赤ちゃんであった．寝かせるとすぐに泣き出すので，常に抱いていなければならなかった．
- あまり泣かない赤ちゃんだった．1人でいつもご機嫌で，手のかからない子であった
- あやしても，あまり笑わなかったが，人見知りがなくいつもにこやかであった．
- 指さしがなかった
- 「ちょちちょちあわわ」など，まねっこあそびにのらなかった．
- 名前を呼んでも，あまり反応しなかった．
- はいはい，伝い歩きがとてもすばしこく，追いかけるのが大変だった．
- ひとり歩きが遅く，親子で一時期訓練を受けた．

ポイント：赤ちゃんの泣きっぷりは，非常に個人差が大きく，発達障害と泣き方に関する科学的根拠を示すデータの報告は見当たりません．この時期に，泣き方ひとつで過度に心配して保護者の不安をあおるのは，その後の育児姿勢や子どもへの愛着に影響を与えることも考えられ，対応の基本は具体的なアドバイスと経過観察になります．

　呼名に反応しないのは，聴覚障害の可能性もあり，乳児期に聴性脳幹反応（ABR：Auditory Brain-stem Response）を施行して聴覚の検査を行う場合もあります．その他の，指さしがない，まねっこあそびへの反応が乏しい，動きの過度な機敏さについては放置せず，関わり方についての具体的なアドバイスが求められます．

(2) 幼児期

　幼児期とは，満1歳から就学までをさします．この時期には，1歳6ヶ月と3歳児に乳幼児健診が行われます．発達障害は，3歳児健診が終わった後，就学までの集団生活でみつけられることが多いため，一部地域では5歳児健診を始めており，全国的に拡大の傾向にあります．

　この幼児期を，3歳までとその後就学までの2つに分けて，保護者や周囲の気づきについてまとめてみましょう．

○3歳まで

　1歳6ヶ月健診と3歳児健診での，よく聞かれる大人の気づきをあげてみましょう．まず，ソーシャルスキルに重要な役割を果たすコミュニケーションについてです．コミュニケーションは，ことばのコミュニケーションと，ことば以外のコミュニケーションに分けることができます．

　ことばのコミュニケーション
- ことばの発達に大きな遅れはなく日常生活に支障はないが，語彙の増え方がやや遅い．
- 大人の言っていることは理解しているが，質問にうまく答えられない．オウム返しで答える，あるいは質問にかみ合わないことを答える．声をかけても，時々聞いていないようにみえる．

- 何かに夢中で遊んでいると，名前を呼んでも振り向かない．

ことば以外のコミュニケーション
- 指差し，後追いがあまりない．あるいは，遅めに始まった．
- 自分から要求するときは視線が合うが，こちらの呼びかけに対し視線が合いにくい．

次に，ソーシャルスキルに直接関係のないものですが，身辺自立やこだわり，感覚の偏りなど，他にも下記のような悩みがきかれます．

- 身辺自立が遅い（おしめが取れにくい，夜尿がある）．
- 偏食が多い（だれでも好き嫌いはありますが，食べられるものの方が少ないといった極端な偏食がみられることがあります）．
- 音に敏感（たとえば飛行機が好きで，大人が見つけられないほどの遠くに飛んでいるときから，「飛行機どこ？」と尋ねる．工事の大きな音，きょうだいの泣き声，親の怒鳴り声など，耳を塞いでいやがる）．
- さまざまな感覚の過敏さ：たとえば臭い（食べるものは必ず臭いを確かめる，時にヒトも臭いでみる），皮膚への触覚（長袖から半袖，半ズボンから長ズボンへなど，衣替えに抵抗を示す．好きなタオルを手放さず洗濯もままならない）など，感覚の過敏を訴えることがあります．
- よく動くので，買い物や公園で子どもを追いかけるのが大変であった．

ポイント：この時期は，集団での一斉行動を求められることは少なく，一般的な幼さとして評価されていることが多いでしょう．また，周囲の大人が子どもに上手に合わせる形でコミュニケーションが成立し，支障なく生活できていれば，大きな問題として取り上げられることは多くありません．
　しかし，ことばやことば以外のコミュニケーションに少し遅れがみられたり，感覚の敏感さや身辺自立の遅い場合，多動である場合など，その後の幼稚園・保育所における集団生活で，どのような様子をみせるかを見守る必要があるでしょう．

○3歳から就学まで

　子どもたちは，保育所や幼稚園に通い始め，集団生活を始めます．この時期が，もっとも子どものソーシャルスキルに関する課題が浮き彫りとなり，現場では否応なく対応を求められます．保護者や保育者が，子どもの行動特徴に気づいても，3歳児健診を通過していれば，勇気を奮って相談機関を探さなくてはいけません．よって，地域での相談窓口の有無が早期診断・早期対応を左右しますが，この時期に診断がなされ発達障害の視点で子どもの行動を理解し，適切な対応をとることができれば，二次的な障害の出現を極力避けることができるでしょう．近年は，保護者が自ら情報を収集し，発達障害を疑い医療機関を訪ねられることも増えています．

　ある保護者が，「当たり前の注意を何度言ってもきかない」という子どもの育てにくさを主訴に，医療機関を受診されました．すでに，インターネットなどで行動特徴を調べて，自閉症スペクトラム障害周辺の発達障害ではないかというお申し出もありました．その幼稚園の担任の先生が語られたエピソードは，子どもの特徴をよく表しています．

　ある朝，クラスの子どもが家からカブトムシを持って嬉々としてやってきました．クラスは，その子どもとカブトムシを囲んで大賑わいです．7～8人の子どもたちは，カブトムシのゆっくり堂々とした動き，大きな角をうっとりと飽くことなく眺めています．みんなはカブトムシに触れることなくカブトムシを中心にして，小さな輪ができていました．そこに，A君がやってきました．彼には，周囲の子どもたちの存在や表情は目に入らなかったのでしょう．中心にピカピカ輝く黒い昆虫を目にするや否や，ヒョイっとつまんでポイッと輪の外に投げてしまいました．子どもたちはびっくりして，「A君，なんでそんなことするの〜」とブーイングが始まります．泣きべそをかいて，先生に言いつけに行く子どももいます．でもA君は悪びれる様子もなく，にこにこしています．

　悪意のない彼の行動と，周囲の子どもたちの嘆きのギャップに，担任の先生も指導に工夫が必要と考え，とりあえず謝罪という通り一遍の対応は役に

立たないと思い至ったとのことでした．

　幼稚園や保育所では，厳格な時間割りによる活動の区切りはなく，子どもの発達の個人差や，生まれ月のハンディーなども加味され，時間が流れているはずです．時間や活動に融通が利く，というところは，発達障害の子どもにとって大いに助かります．先生方が，悩みながらも何とか柔軟な対応でやりくりできるのが，幼稚園・保育所での特徴です．しかし年長になると，舞台発表や鼓笛隊などの集団活動が増え，発達障害の子どもたちがクローズアップされはじめます．幼稚園・保育所で相談を受けることの多い内容は，次のとおりです．

あそび
- 好きな遊びが決まっており，興味のない遊びには乗ってくれない．同じ遊びが長続きしない．遊びが広がらない．ひとり遊びが多い．
- ごっこ遊びをするときは，パターン的なやり取りは成立するが，アドリブを交えた展開は苦手．あるいは，1人で何かのキャラクターになりきって遊んでいる．
- おにごっこ，缶けりなど，ルールのある遊びの理解がゆっくり．時に，マイルールを主張するので，他の子どもに「ズルイ」と非難されてトラブルになる．

指示への反応ほか
- 先生の話を聞いていない，あるいはみんなと同じにしようとせず，設定保育や集団行動の指導が難しい．
- いつも騒がしい．注目を集めようと騒ぐ．
- 設定保育や食事時，着席が望ましいところでよく動く．家庭では，外出時によく迷子になる．
- 思い通りにならないと，すねてしまい，気持ちの切り替えが難しい．その後の活動に参加できない．
- 予定の変更に，泣いたりすねたりと混乱する．

身辺自立

- 排泄へのこだわり（スキルとしてはトイレで排泄できても，オシメですると決めてかかっている．保育所ではトイレが使えるのに，家ではオシメをはいてから排泄する．スーパーのトイレに入るのを嫌がる，など）．

ポイント：5歳児はこうあるべき，という枠にはめて子どもを評価すると，発達障害のある子どもたちは枠から出てしまう指導の困難な子どもとして，集団生活ではあまり歓迎されることがありません．支援者である大人は，むしろ子どもの立場に立ち，どうしてその行動に至ったかという視点を持ち，発達障害特性から子どもの行動を解釈する癖をつけると，子どもに共感できる部分が増えていくでしょう．この時期に厳しく躾けなければと焦り，力ずくで矯正しようとすると，逆効果です．

　一般的には，ことばだけで子どもの行動をコントロールしようとせずに，ジェスチャー・表情・約束を書いたメモ，スケジュール表，具体物などの視覚的な刺激をことばに添えて指示を出す方が，子どもに届きやすく理解もされやすいでしょう．子どもの行動の特性や，保育で効果的であった指導上の工夫などを小学校に伝え，就学後に子どもも学校側も混乱しないよう，入学前に引継ぎができることが望ましいです．

(3) 小学生

　小学生になると，学習や友だち関係などに関する訴えが多くなります．

　授業中の態度では，
- 授業中に教室から出て行く．
- 好きな活動には参加するが，興味のないことやいやなことには抵抗を示す．
- 整理整頓が苦手，なくし物が多い．
- 授業が始まっても，机の上には教科書・ノートを出すといった期待される行動がとれない．
- 思い通りにならないと，気持ちが容易に崩れ，後の活動に参加できない．
- 発言しようと手を挙げるが，他の人が当てられると怒ってしまう．
- 出し抜けに発言する．先生や生徒のことばに1つ1つ反応するので，対

応が難しい．

友人関係
- 気持ちが高ぶると，叩いたり，強く押したりしてしまう．
- 自己主張が強い，逆に何でも回りの意見に合わせてしまう．
- ことば遣いのTPOがわかりづらい．たとえば，敬語が使えず年上の人に高飛車な物言いをする．下の子どもにやわらかい言葉遣いやさしい物腰で接するなどができないなど．
- 一方的に自分の話題を展開するなど，ことばのキャッチボールが難しい．

家庭
- 朝の支度に時間がかかる．
- 宿題や時間割を後回しにしたがる．時間配分を見誤り，寝る前になって慌てて着手する．
- きょうだい喧嘩が激しい．ちょっかいをかける，逆にちょっかいをかけられ，大喧嘩に発展する．
- 遊びが広がらず，テレビゲームやポータブルゲームに夢中になる．一旦始めると時間を決めていても止められない．ゲームで負けるとゲーム機に当たる．

子どもたちは小学校に入ると，大きな転換を迫られます．チャイムひとつで課題が区切られる時間軸が存在します．チャイムに限らず，廊下は歩く，発言前に挙手する，人の発言に耳を傾ける，持ち物の約束，雨の日の予定の変更，宿題や給食に関することなど，学校の中はキマリでいっぱいです．また，担任の先生により，キマリは少しずつ違います．多くの要因によって，予想外の出来事も次々と起きます．これらは，発達に課題のない子どもたちにとっては，教わらなくても自然に理解できることであり，状況に合わせて行動することも可能です．生徒はキマリを理解し守れるものと，保護者も教師も期待します．

しかし，発達障害のある場合，例えば「チャイムが鳴っても教室に帰らない」のも，チャイムの音に注意を向けられない，あるいはほかの事に夢中に

なり行動に移せない，などさまざまな理由で教室に戻れない可能性があります．反抗心や，どうでもいいと投げやりになって教室に戻らないわけではないのです．

一方，周囲の子どもたちはキマリを守れない子に敏感です．正義感にあふれ，みんなの行動を統制するために，不適切な行動を止めようとします．しかし，彼らもそれほど社会性に長けているわけではなく，癇に障る言い方をしたり，過度に追い込んで結局いじめやけんかになることもあります．

> 小学2年生のときに，級友とのトラブルが絶えなかったことをきっかけに，高機能広汎性発達障害と診断されたB君．日ごろから，学校と家庭が十分連携の上，支援を行ってきたことが功を奏し，通常学級で大きなトラブルなく6年生になりました．しかし，ある日の出来事です．いつもより早く登校すると，教室の扉の鍵が全部閉まっており，ある子が窓から部屋に入り後ろの扉の鍵を開けました．他の子どもたちは，その後ろの扉から入りましたが，B君はいつも前から入ると決めています．「クッソー」と30分以上も前の扉をけり続け，先生が来てその場は何とか収まりました．しかし，給食の時間に再度些細なことからトラブルとなり，ある子に「アホ」といわれて激怒しつかみかかろうとしました．周囲の子どもが止めて先生を呼びに行き，先生3人がかりで別室に抱えて運ばれました．今度は，家に帰りたいのに帰してくれない先生方に腹を立て，また大暴れ．ついに母親が呼び出されました．

こだわりのために扉をけり続けるなど，周囲の子どもたちが理解できない行動が重なると，自ずと本児への評価が下がっていきます．そのような背景のもと，給食の時間の些細なトラブルをきっかけに，彼への周りの評価がふきだしてしまいました．B君は，自己評価が下がりがちのところに，非難されたことで感情のコントロールが不可能になっていました．

ポイント：学校のキマリから逸脱する行動をとることがありますが，担任や保護者が事前に本人にわかる方法で伝える必要があります．低学年では，視

覚的にメモなどを机に貼る，筆箱に入れておく，教室の壁に貼るなどの工夫が効を奏することがあります．しかし，次第に慣れてメモの存在を忘れる，あるいはキマリを身につけメモの必要がなくなることもありますので，やりっぱなしに気をつけてください．また，1日の自分の行動をふり返るチェックリストをつけることで，人に指摘されるのでなく自分を見つめる力がつきます．

　級友との関係でトラブルがあれば，それが子どもの物事の解釈の方法を知る，いいチャンスです．頭ごなしに叱責せず，互いの主張に耳を傾けてください．それが，いわゆる社会的常識から逸脱していてもです．嚙み砕いた端的なことばでわかりやすく，あるいはイラストや文章を使って状況を客観的に説明します．ロールプレイ的な対応で，相手の主張にも一理あることを理解させることも有効です．しかし，次に同じような状況が起きたとき，同じことをくりかえす可能性は大きいでしょう．一を聞いて十を知ることが難しい，部分をよくみるが全体をみられないなど，それも彼らの発達特性です．

　「何回言ってもわからない」と思ったら，言い方が悪いか，伝え方が悪いか，ことばで伝えることに限界があるかなど，こちらの問題として考え直す姿勢が必要です．とりあえずの形だけの謝罪や，一方的にどちらかに我慢を強いる対応をとるのでなく，折り合いのつけ方を提案することで，子どもたちは大人に一目おくでしょう．キマリから逸脱する，人との関係をうまく結べない子どもを「発達障害だから」とあきらめる，あるいは性急な成果を期待しての叱責，いずれも集団生活を生かしきれておらず，ソーシャルスキルも育ちません．学校のキマリ，社会の常識として，一般的かつ抽象的な事柄を押し付けるのではなく，「わたし」という一人称で「あなた」（子ども）に伝えたいという姿勢で接しましょう．

　小学校で重要なのは，人への信頼感，自己への自信，人との関わりを通して，「人を好きになり，自分も好きになる」力を育てることです．進学予定の中学校との連絡会議も事前に行い，教科担任制をシミュレーションして学校生活の支援を描いていきましょう．

(4) 中学生

　一般的に，中学生は自分に対して厳しい評価を下しますが，発達障害児は

周囲からの叱責，人と比べる力が育っていることも一因となり，自己評価がより低下しがちです．成績の影響も大きく，LDを合併している子どもに，やみくもに「勉強しろ」と追い立てれば，自己評価の低下に追い討ちをかけます．逆に，成績が非常に良好な場合，ソーシャルスキルの課題に気づかず，成績のみで子どもを評価しがちであり，これもバランスの良い発達を遂げられません．中学生では，表面的な対人トラブルが少なくなることがあります．友人とうまくいかないと気づき，他人と距離を置くことでトラブルを回避するスキルを身につける，あるいは周囲の子どもたちによる評価が定着し，理解を深めるよりも交わらず互いが傷つかないスタンスを選択する，などが理由です．逆に，別の小学校からきた生徒たちによって，からかいやいじめのターゲットとされることもあります．教科担任制のため目が行き届かないといわれがちな中学校ですが，在籍するクラスに限らず，さまざまな学科，クラブ活動や校外学習を通して多くの情報を収集し，その情報を互いに共有することで，子どもの特性を多面的にとらえられるというチャンスを生かしてみましょう．

授業中
- 苦手な科目と，得意な科目がはっきりと別れる．苦手な科目の授業は教室にいても，寝たり，ぼんやりしたりして時間をつぶす，あるいは，何となく落ち着かない様子であるなど，やる気のない生徒の様子を呈す．
- 欠席や遅刻が目立ち，不登校になることも．
- クラブ活動や委員会活動に活路を見出す子どもたちもいる．

友人関係
- 一緒に過ごす人が固定する，あるいは1人を好み1人で過ごす術を身につけている．
- 一見友だちは沢山いるようにみえる，しかし親友と呼べる深い付き合いではない．
- 人と違うという違和感を感じ，「私はあの人たちと付き合えない」と身近な人に話していたりすることがある．周囲の子どもたちからのイメージも定着．

- 異性との関係が課題となり始める．

家庭
- 甘える，むきになる，何でも話すなど，親から幼いと称されることがある．
- きょうだいにからかわれる，逆にからかうことで，よくけんかになる．
- 学校などのストレスを，自分より立場の弱いきょうだいをはけ口にして加減せずに発散するので，親から叱られることもよくある．

ポイント：すでに診断を受けていて，小学校から引継ぎがある場合と，発達障害についてだれからも指摘されてこなかった場合があります．後者では，やる気のないかわった生徒，落ち着きのない態度の悪い生徒，などとして評価を受け生徒指導の対象となることがあります．何かひとつ自信を持てる活動や，理解してくれる人の存在があれば，それを支えに学校生活を充実させることもできるでしょう．しかし何も見出せない場合，ストレス度はかなり高く，受動的にとりあえず登校する，あるいは不登校になることもあります．学習，集団活動に課題があると，入学試験，内申書という現実を前にして，進路選択に悩むところです．

　また，異性とのコミュニケーションも大切な課題です．級友らを介した情報に期待する，あるいは寝る子を起こすという対応は非常に心配です．異性の心情理解は，だれにとっても難しいことです．悲しいかな，ストーカーとして誤解される，最初から異性との関係を避ける，一定期間の関係の維持が困難であるなど，さまざまな可能性があります．具体的な二次性徴と体の変化，男女間のコミュニケーションのあり方，人にとっての性交の意味，感染症などの危険回避も含めた，広い意味での性教育をしかるべき人が担当しましょう（定本 2009）．面と向かって言いにくいことも，良質の書物を渡しておくことで解決できることもあります．もっとも，学習後は，どのように解釈されているかを確認することを忘れずに．

(5) 高校生

　義務教育である中学校卒業後の進路はさまざまです．高等学校，特別支援

学校高等部，高等専門学校，専修学校高等課程，中等教育学校後期課程，などがあります．高等学校にも，国立・公立・私立，全日制・定時制・通信制，普通科・専門学科・総合学科，という選択肢があります．しかし，いずれも入学試験に合格することが大前提ですので，進路指導担当や保護者は，本人の特性に合い，かつ社会での自立に向けての適切な一歩となる学校を選択するべく悩みます．学力が非常に高く，希望通りの進路に進めても，集団活動上のストレスを抱えていることもあります．この時期には，障害名の告知の有無に関係なく，自分の特性を正しく知っておく必要があるでしょう．

ただ，「人と違う」という漠然とした認識ではなく，苦手な場面，自分の能力を発揮しやすい分野を把握し，困ったときに利用できる社会資源を知っていることが望ましいでしょう．

授業中
・中学校と同様，苦手な科目の授業は，やる気がないと評される．
・欠席や遅刻による登校日数の不足や，単位の修得不足などで留年する，不適切な行動のため停学，退学処分を受けることがある．
・提出物を出さず，成績に響くといわれても，テーマが抽象的過ぎて内容を絞り込めない，完璧に仕上がらなかったので納得できないなど，本人にとっては非常に重要な，譲れない理由があることがある．

友人関係
・基本的に中学校と同様だが，よい仲間が周囲にいることで，人との距離のとり方がうまくなるなど徐々に社会性も育っていく．
・自分や他者の違いや共通点に気づき，「この人は，私と似ているところがある」と自閉症スペクトラムの有無を見分けることもある．

家庭
・一般的に幼いと称され，中学生でも保護者に甘えたり，何でも親に話していたりするが，高校生になると次第に保護者との距離をとろうとする．
・きょうだいも成長し，激しいけんかは成立しない．

ポイント：高校では，卒業には一定の単位修得が求められ，発達障害の存在に気づかれず，適切な対応をされなければ留年，停学，退学の可能性もあります．対応は一向にかわらず，何をしても許される，という状況も子どもの成長を妨げます．「気になる生徒の情報」をいかに教師がキャッチし，発達障害の観点で分析し，教師間の共通理解を得られるかが鍵を握ります（京都府立朱雀高校特別支援教育研究チーム 2009）．大学も基本的に状況は同じです．また，この年代では，将来進むべき道の青写真を描く必要に迫られます．福祉政策を一切利用せずに生きていくのか，利用する分野と程度など，就労・結婚を含めた自立へ向けて具体的な人生のシミュレーションを求められます．就労に必要な，自己理解，勤労観の育成，情報収集などの教育も重要です．

　一方，子どもは成長し，保護者とも一定距離を取ることもあり，本音を聞きづらくなります．ある保護者は，子どもの様子を同級生に尋ねることで何とか把握している，と教えてくれました．よって，保護者以外に子どもたちが相談できる機関と人につなげておく必要があります．医療機関，福祉機関，教育機関などが利用できるでしょう．精神科的，神経科的な合併症を発症することもあり，主治医とは長いスパンで関わりをもつのが望ましいでしょう．

実録マンガ奮戦記

そのまんまを抱きしめて

母…「母さん」ADHD的 40才とちょっと。
娘…「かほぴー」中1 AS＋ADHD
息子…「みっくん」小4 ADHD

作：竹内泰江

相手おかまいなし

4　気づきのヒント・対応のポイント

第II部 ソーシャルスキル・トレーニング

1 SSTの方略

(1) SSTの目指すもの──「違いを知り，認め方を学ぶ」

　子どもたちが，人はそれぞれに物事の見方，感じ方に違いがあることを知り，「違いがあってそれでいい」と突き放すのではなく，違いの認め方を学ぶこと．誰かが一方的に正しくて誰かが一方的に間違っている，とするのではなく「違いを知り，その認め方を学ぶこと」がソーシャルスキル・トレーニング（SST）の目的です．SSTの過程で，発達障害のある子どもに個別の指導を必要とすることはありますが，子どもは1人で生きているわけではありません．家庭，学校，クラブ，職場，ひいては社会と，集団そのものをトレーニングの対象と考えるべきです．自分と異なる考え，感じ方の人々と，集団でどのように共に生きていくことができるのか．それを学ぶのがSSTの目的です．

　社会人になったとき，自分のソーシャルスキルを特性のひとつとして認識し，いかにすれば自分自身と他者を認め，互いに尊重し合い，つきあえるのか，生きるヒントのひとつとしてSSTを学ぶ意味があるのです．

(2) SSTだけが社会適応を改善する唯一の方法ではない

　発達障害児のソーシャルスキルには自ずと課題が生じますが，必ずしも社会適応状態が悪いとは限りません．社会に適応しているか否かは，発達障害の種類や程度のみならず，家庭での養育環境，学校での教育環境，社会の状況など，それぞれの子どもが育ちの中でおかれてきた"対人環境"が影響する，非常に個別性の高いものだからです．子どもの課題が大きいにもかかわ

表1 自転車（ソーシャルスキル）と坂（対人場面）

	電動自転車（ソーシャルスキルがよい）	人力自転車（ソーシャルスキルが拙い）	
		誰か助けてくれる	誰も助けてくれない
上り坂（複雑な対人場面）	スムースに上れる	励まし・助言があり、何とか上れる	上れない
下り坂（容易な対人場面）	問題なし	次の上り坂のための助言（休憩・こぎ方など）がある	スピードを出しすぎてこける

らず，家庭や学校でうまく適応している場合もあり，逆に小さな課題であるにもかかわらず，適応状態が非常に悪い場合もあります．よって，集団不適応を起している子どもへの診断，投薬，SST より，むしろ学級運営や学校体制の整備が必要であったり，家庭での発達障害に対する理解促進や，育児支援など，周囲の環境に対してまず力を注ぐ必要のある場合があるのです．

　自転車こぎを例にとって，考えてみましょう（表1）．

　学習によって身についたソーシャルスキル（自転車）が，その社会（町の道路）を生きていくのに適していれば，上り坂も下り坂もお手の物ですが，ソーシャルスキルが拙く，誰も助けてくれなければ，上り坂は上れず（円滑な対人場面を築けず），次からはその坂を避ける（人を避ける）でしょう．下り坂でも，スピードを出しすぎてこけてしまう（調子に乗りすぎて，けがをする．緊張のあまりその場を楽しめないなど…）ことも予想されます．発達障害が基礎にあり，その上に築かれたソーシャルスキルが結果として拙くとも，よき助言者・支援者が存在し，対人場面を切り抜ける方略を伝授し成功体験を重ねることができれば，人と共に楽しい時間を過ごせるという見通しがつくでしょう．これを重ねて，人への信頼感，自己への自信，次も挑戦してみようという意欲を育てることが，SST の目標です．

(3) 適切な集団があってこそ

　HFPDD の子どもが，通常学級でうまく適応しているので，発達障害の存在に気づかれず，親は学校から「まったく問題のないお子さんです」と懇談会で話されていることがあります．ここで，たいていの保護者も教師も安心するに違いありませんが，人との関わりを避けることで表面的にうまくい

っている，穏やかな学級と見かけ上なっていることがあります．表面的に見える子どもの行動のみを過信せず，物事の見方や感じ方にまで，関心を向けましょう．「育てやすいいい子だった」「指導のしやすい目立たない子だった」というのは，大人の言い分であり，当の本人はとてもつらかった場合が少なくないのです．また，発達障害児に不登校が少なくないことも報告されています．対人場面や学習での失敗経験を重ね，学校に来られなくなれば，人とのかかわりが極端に少なくなります．

　いずれの場合も，子どものソーシャルスキルが健全に育つ環境であるとはいいがたいでしょう．ソーシャルスキルは，人と関わるチャンスがあってこそ，課題やSSTの方略も見えてくるものであり，適切な集団の存在なくしては，力となり身につくことはないのです．

(4) 子どもの特性を探る

　子どもの発達障害に気づいた年齢（家族，学校），発達障害の種類（HFPDD，ADHD）と詳しい特性，重さについて，まとめてみましょう．PDDの対人関係障害には，3つのタイプ（孤立型，受容型，積極奇異型）があります．特に，受容型の子どもは，行動の逸脱が少なく指導が入りやすいために，見落とされていることが多々あります．また，診断を受けていない子どもの場合でも，集団での遊びの場面やトラブルなどの対人場面を十分観察し，ことばや行動を丁寧に拾い上げてみると，HFPDDの特性があるのか，ADHDの特性が強いのか，あるいは両方を合併しているのか，およその見当をつけることはできるでしょう．

　実際の生活における対人場面では，①その場面の状況や相手の状態を読み取り，判断する，②その対人状況の中で何を目指すべきか対人目標を決定する，③その達成のためには，いかに反応をすべきか対人反応を決定する，④対人反応を的確に実行するために感情をコントロールする，⑤自分の思考や感情を，言語行動（ことば），非言語行動（手振り，身振り等）を用いて相手に伝える，という5つのステップを順序だててふまなくてはなりません（相川1999）．これらの各々のステップ，およびその総体を，ソーシャルスキルと呼ぶことができるでしょう．

　それでは，発達障害児の場合にどのようなことが起こりうるか，考えてみ

1　SSTの方略　　57

表2 HFPDDとADHDにおける5つのステップでのつまずき

5つのステップ	HFPDD児	ADHD児
①その場面の状況や相手の状態を読み取り，判断する	場や他者の状況を読むために必要なところに十分な注目ができない．注目しても，状況の理解が困難．	注目するところに偏りがある．十分な注目ができず，早とちりがある．
②その対人状況の中で何を目指すべきか対人目標を決定する．	人より物に注目．あるいは対人目標が直接的過ぎる．関連のある周囲の人にまでは，目標が広がらない．	
③その達成のためには，いかに反応をすべきか対人反応を決定する．	他者の心情を読み取りにくく，これを配慮した対人反応を選択できず，直接的である．	
④対人反応を的確に実行するために感情をコントロールする．	感情のコントロールが苦手なことがある．場にそぐわない感情を表現する．見通しがもてなくなると困惑して固まる，怒りがおさまらない，テンションがあがりすぎる，などの課題がある．	感情のコントロールが苦手なことがある．特に，怒りが行動に直結する，テンションがあがるとふざけすぎるなどメリハリが利かないことがある，など．
⑤自分の思考や感情を，言語行動（ことば），非言語行動（手振り，身振り等）を用いて相手に伝える．	自分の考えや感情を，ことばにおきかえることが難しい．抑揚をつける，間接的な表現などで，婉曲に伝えられず，単刀直入．自分の関心のあること，思いを一方的に話す．視線，表情，身振りなどが，うまく使えない，状況にそぐわない，芝居じみていることがある．	順序だてて話すことが苦手で，内容がまとまらない．

（斜線は，大きく困難がないと思われるところ）

ましょう．

　発達障害が，HFPDDであるか，ADHDであるかによって，起こりうるつまずきは異なりますが，子どもが見せる言動には共通点が多く，一体どちらの原因で適切なことばや行動が出ないのか，わかりかねることも多々あります．HFPDDとADHDを合併することもありますので，分析はさらに複雑となります．子どもの置かれた状況，子どもの考え，実際の行動やことばなど，丁寧にエピソードをみつめることが適切な分析につながるでしょう．

(5) 生活拠点における対人環境

　しかし，一部の対人環境に恵まれた子どもたちを除き，発達障害によるソーシャルスキルの欠如に気づかれず，親の育て方のせい，性格の問題などと誤解されていることが少なくありません．この考え方の最大の危険性は，自分たちの介入する隙がない，自分たちの問題ではないと，他人事として片付けようとする周囲の人々の意識の恐ろしさにあります．育て方が原因で発達障害となったわけでは決してありませんが，発達障害児の育児は非常にストレスフルで，一見育児がうまくいっていないと人の目には映るかもしれません．また，発達障害は性格とはまったく別物であるといわれても，その境目がはっきり見えにくいことも事実です．しかし，子どものソーシャルスキルの育ちには，われわれもその一役を担っていると意識することが重要なのです．

　人の目に触れる強引な行動，ことば，パニック，硬い表情，場にそぐわない発言，あるいは過度な感情表現に眉をひそめられ，集団から排除されがちです．ソーシャルスキルは，集団の存在なしには育ちませんが，不適切な対応を重ねていれば，負のスキルを体得していくでしょう．周囲の一貫性のない高圧的な対応のため，強引な態度でしか要求をかなえることができなければ，強引さはさらにエスカレートしていくでしょう．おかしい態度だとくりかえし嘲笑されれば，集団に不快感を覚え，一切関わらない環境に身をおこうとします．いずれの場合も，ソーシャルスキルを適切に育てられる環境でないのは誰の目にも明らかです．

　そこで，子どもの対人環境を，学校・家庭・地域という3つの生活拠点に分け，表に示す視点で調べてみましょう（表3）．成育過程でソーシャルスキルがどのように培われ，現在どのような対人環境にあるかを知ることが，SSTをはじめる最初のステップとなります．家庭では，両親から"問題ない"と思われているが，学校では集団になじめず地域でも遊び友だちがいない場合，家庭と学校の認識のズレ，学校での集団作りに介入が必要であること，の2つが課題となるでしょう．逆に，学校では何の問題もないといわれているが，家庭では"やりにくい子ども"と評されている場合，実は学校では自分の考えや感情を押しころして過適応の状態であり，これを家庭で発散

表3　子どもの対人環境に関する生活拠点と注目点

生活拠点	注目すべき点
学校	子どもの性別，学年，クラスの人数，級友から抱かれているイメージ，仲良しの存在，休み時間の過ごし方，担任による評価，トラブルのエピソード，担任の学級運営方針と指導の特性（指導の難しさと工夫，集団活動での様子）
家庭	発達障害の診断の有無，両親の理解の有無と方針の一致，養育力，家族構成，きょうだい関係，子どもへの期待の内容，休日の過ごし方
地域	帰宅後・休日の遊びの様子（誰と，何をしているか）

していることも考えられます．いずれにせよ，子どもの集団適応は，ひとつの場面でなく複数の場面で評価すべきです．

　本来は，支援者として3つの拠点の環境調整を行うべきですが，子どもが診断を受けていない場合は，学校への介入に限られるかもしれません．また，保護者からの相談があっても，学校への連携のパイプを持ち合わせていない場合は，保護者を介しての間接的なアドバイスとなり，学校の介入窓口が制限されることがあります．そのような制限された状況下であっても，できるところから着手し，放置せず心を配ることを忘れないで下さい．

(6)　子どものソーシャルスキルを評価する

　年齢に合わせて作られたチェックリストを利用して，ソーシャルスキルをおよそ評価することができます（上野ら2007）．また，家庭や学校での対人トラブル，あるいは適切に対応できたほめるべき事柄を，主観を交えず具体的にエピソード記録し，これを分析することも可能です．このエピソードは，SSTの内容をプランニングするときに役立てることができます．発達障害の子どもたちは，自分の経験したことのないことを説明されても，他人事として注目しないことが多いからです．本人が体験して困ったという実感のもてるエピソードは，トレーニングの教材として最適です．

(7)　SSTを組み立てよう——治療的介入，予防的介入，発達的介入

　子どものSSTには，発達的視点，予防的視点，治療的視点と，3つの視点による介入方法があります（佐藤ら2007）．子どもの生活年齢や発達年齢を加味して，学校などで行われるのが「発達的視点によるSST」．早期に子

どもの発達課題に気づき，幼児期に療育教室などで前もって力を入れて教えるのが，「予防的視点によるSST」．集団不適応を起こしている，あるいは集団で不適切なソーシャルスキルを体得している場合，取り出して別個に治療的に介入するのが「治療的視点によるSST」です．どのような組み合わせでSSTをするのが良いのか，プランを立ててみましょう．どれかひとつで事足りるものでなく，組み合わせるのが効果的です．幼児期の療育スタッフ（予防的視点）と，学級の担任（発達的視点），福祉医療機関や通級指導教室などのスタッフ（治療的視点）が，互いに専門性を発揮して，連携をとり合い，子どものソーシャルスキルを多様な側面から育み支援していくのが理想的です．ここで注意すべきことは，複数の場面でソーシャルスキルへの介入を行いますので，全体を把握するコーディネーター役が必要です．個々のケースによって，学校の特別支援教育コーディネーター，保護者，主治医など，その役割を担える人物を選択し，情報を統合していく必要があります．

　子どものおかれている状況や，利用可能な集団構成によって，SSTの選択肢は異なります．3つの視点，治療的介入，予防的介入，発達的介入にわけ，それぞれの適応，利点や課題についてまとめてみましょう．

① 治療的介入
【適応】
・不登校の場合
・集団活動の場で不適応（乱暴，暴言など）を起こしている場合
・集団にいるが，活動にまったく参加していない場合

　子どもが集団で不適応を起こし，困った行動をしばしばとっている，あるいは不登校で人と接する機会が制限されているという場合に，まずは適応となる介入方法です．子ども自身がすっかり自信をなくしている，あるいは周囲からのマイナスイメージが定着していると，自信回復や関係修復に元の集団のみを利用して更に失敗を重ねるリスクを取るより，別の場所を設定し，指導者である大人と共にセッションを重ね，他者との信頼関係を築くことが必要です．SSTの基礎基本は，まずは「人を信頼できること」でしょう．ここで忘れてはならないのは，不適応を起こした学級の再評価と再構築です．

表4 3つの介入の適応と課題について

	適応	利点	課題	行われる機関	集団形態	場所	構成メンバー	指導者
治療的介入	集団不適応（不適切な行動、不登校、登校しぶり）の強い場合	個別課題に焦点を当てやすい、観察しやすい	保護者の同意が必須。頻度が少なく、期間が限られる。般化の確認を要す	福祉・医療機関、療育機関、大学などの教育相談機関	個別小集団	室内	発達障害児	医療スタッフ（心理士、言語聴覚士、作業療法士ほか）、教育関係者（大学教員、教育センター）
予防的介入	新しい環境に入る前（小学校入学前の幼児期、進級前、長期休暇中、中学校・高校・大学入学前、就職前など）	未然に環境調整が可能。事前に見通しをもって、失敗体験の軽減が期待できる	保護者－学校間、教員間の目的意識の統一。障害特性理解が必要。般化の確認を要す	療育教室、通級指導教室	個別小集団	室内屋外	発達障害児	療育スタッフ（心理士、保育士、言語聴覚士ほか）、教師（通級、ことばの教室、特別支援学級担当者）
発達的介入	発達障害児の在籍する集団全て。学級や集団、家庭内で子どもの良いイメージが定着している場合から	毎日できる、般化しやすい、子ども間・家族－親）の理解・同意・力量が不可欠。発達障害児のみに着目できない、指導者への相談機関が必要	指導者（担任、両親）の理解・同意・力量が不可欠。発達障害児のみに着目できない、指導者への相談機関が必要	保育所・幼稚園・学校等同年齢集団（学級、クラブ、委員会も含む）、家庭内	小～大集団	室内屋外	定型発達児発達障害児	教師（担任、クラブ顧問）、家族（両親、きょうだい、祖父母など）ほか
その他	一定の集団適応能力のある場合	余暇活動が広がる新しい人間関係を築ける	地域格差、人的格差が大。専門性の保障が不確実	民間ボランティア機関（YMCA、YWCA）など	小～大集団	室内屋外	多様	ボランティアリーダー、学生

不適応の原因は何か，担任ならびに同級生のことばかけと態度の評価，教室の環境設定，授業の指導方法とその内容などを分析し，再度その子どもが教室に帰ってきたときに同じことが起こらない準備を始めましょう．決して悪者探しではありませんので，念のため．

　この介入では，子どもに社会的に正しい行為を教えこみ，子どもを変えようと焦るより，まずは子どもの話を傾聴してください．あなたが子どもの話に耳を傾け共感し，理解しようとしてこそ，今度は子どもがあなたの話も聞いてみようと思うのです．セッションは，むしろ子どもと過ごすための口実，単なる道具ととらえたほうがいいかもしれません．大切なのは，あなたが子どもに安心感を与え信頼を得ることであり，セッションを一通りこなすことではありません．もちろんあなたと子どもの間に一定の関係性が取れたなら，セッションの目的に焦点をあてても大丈夫です．

【利点と課題】
　治療的介入は，個別課題に焦点をあてられること，丁寧に観察できることが利点です．一方，頻度や時間の制限があり，般化の確認が容易でないことが課題です．利点と課題をまとめると，以下のようになります．

　〇利点
　・個別課題に焦点をあてたセッションが行える
　・子どもたちの力に合わせた課題設定ができるので，失敗経験をしすぎない
　・シンプルな集団を構成し，ソーシャルスキルを観察することができる
　・保護者も，教師も，第三者として客観的に子どもを観察できる
　・子どもの考えや気持ちを，ことばや表情から丁寧に確認できる
　・支援者比が高く，逸脱行動に即対応できる
　・モデル提示や指示理解の確認が，その場でできる

　〇課題
　・別の集団でも力が発揮できるか未知数，般化の確認が容易でない
　・支援をやみくもに続けると，支援者との閉じた関係においてのみ利用可

能な力となる
・脱支援のタイミングがわかりにくい

【支援と補助教員について】
　小学校の低学年を中心に，通常学級に学生などが教員補助として配置される傾向にありますが，学級という空間で生活しながら，実は補助教員との関わりしかなく，他の子どもたちとのやりとりがないという事態も少なくありません．補助教員は，子どもの力を伸ばすのではなく，学級運営をそつなくこなすための道具に使われていることがあります．多動があるために，授業中横について「じっとしていようね」と注意し続けていると，どの授業のねらいも「じっとすること」となり，教科の魅力に触れることはできません．また，担任と補助教員が，連携を取り教育活動を行えているか，はなはだ疑問です．少なくとも，担任は補助教員に，「授業のねらい」「発達障害児に期待する教育効果」を伝え，補助教員は担任に「子どもの行動」「子どもの理解の程度」について報告し，授業のふり返りをしなくてはいけないでしょう．ときどき目にするのは，クラスでお客さんになってしまう，補助教員つき発達障害児です．一方で，担任・補助教員がすばらしい連係プレーをとり，子どもがぐんぐん変わっていく様子を見ることも少なくありません．教育のすばらしさをみる瞬間です．しかし，注意力や解釈の問題という発達障害の問題にとどまらず，明らかに中度の知的障害があり，担任の指示理解や課題達成に困難のある子どもが通常学級で学習している場合，空間は共有していても補助教員との個別学習に軸足を置かざるを得ないことがあります．この場合は，保護者の思いを十分に聞き，子どもの立場に立って教育の意味を大人みんなで考え直す必要があります．

【子どもの観察と記録】
　子どもの治療的介入である以上，セッション前後での子どもの変化を確認することが重要です．とりあえずやってみたでは，セッションの要素と子どもの変化の関係をふり返ることができず，その後セッションに工夫を加えたり，次の子どもに応用したりすることができません．よって，ある視点で子どもを観察し，記録することが大切です．難しく考えず，気がついたことを

メモすることから始めてみましょう．

【セッションの手順】
1 年齢や性別，発達段階を確認します．
2 本人が困っている状況をもたらす社会的スキルの欠如を推測し，テーマを設定します．
3 本人が苦手なことばかりでセッション内容を構成するのではなく，得意なことや，ちょっとした雑談，好きなことをしていてよい時間，おやつ，などを組み合わせて，セッションの時間配分をしてください．
4 他者と関わる上で必要なスキルは，多岐にわたります．例えば，以下のようなテーマが考えられます．
 ・人の気持ちの読み取り方（表情，ジェスチャー，声のトーンなど）
 ・ことばのテクニック
    上手なお願いのしかた・断り方
    会話の維持・傾聴の方法
    優しいことばとチクチクことば
    気持ちをことばに置き換える
 ・一緒に遊びたいときの誘い方，遊べないときの断り方
 ・コミュニケーションのマナー（電話，FAX，メール，手紙）
 ・友だちの作り方，友だち関係の維持の方法
 ・対立の解消の方法
 ・困ったときの解決方法
 ・怒りのコントロール

【指導のヒント】
1 指導者は，それぞれのテーマについて子どもの知識やスキルを確認しましょう．
2 教材は，子どもの発達段階を考慮して，ことばだけでなく絵・写真，キャラクターを利用したペープサート（紙人形劇），文章などの視覚的に伝えられる工夫をしてみましょう．
3 ゲーム感覚で楽しみましょう．

4　少人数で役割を決め，ロールプレイをとりいれて，練習してみましょう．
5　子どもの気持ちに共感することは大切ですが，一方的に言い分を聞いていてはSSTになりません．
6　子どもがマイルールを主張するときは，見通しがもてないことも一因です．遊びやゲームの全体像を提示して交渉し，妥協点を見つけるように心がけてください．

② 予防的介入
【適応】
・診断のある，あるいは発達特性に課題のあることを認識されている発達障害児
・次の進路先など，新しい場面で困難な局面を迎えると予想される子ども
・不登校や集団行動の逸脱など，集団との関わりに偏りがある場合は，治療的介入との併用が望ましい

　すでに発達障害の診断があり，特性について理解されている場合，次の進路先や生活上予想される失敗や課題について，先取りで指導するものです．失敗経験を積んでしまっている場合は，治療的介入と並行して行うことが効果的でしょう．幼児期の療育教室や，通級指導教室などで週に数回〜月1回程度，個別にあるいは発達特性の似通った子どもたちを数名集めて小集団で行うことができます．

【利点と課題】
　治療的介入と同様，発達障害に焦点を当て，遭遇するであろう状況を先取りしてセッションを組みますので，子どもの特性にあわせることができ，子どもの行動や発言をよく観察することができます．利点と課題をまとめると，以下の通りです．

○利点
・大きな失敗経験を積み重ねていない，あるいは叱責される前であり，こ

れから出会う集団のイメージをプラスにとらえられる
・集団の中で起こりうる失敗や課題，有効な配慮などを事前に知ることができ，担任などに報告できる
・期待をもって活動を楽しみ，前向きに参加できる
・保護者の心理的抵抗が少なく，子どもを参加させるのに協力を得やすい
・同じ悩みをもつ保護者同士の出会いの機会となりうる

○課題
・保護者や子ども自身が困った経験がなければ，参加へのモチベーションが維持しにくい
・SSTの場面と，実際に参加する集団とのギャップを埋めるため，両者の連携が不可欠である

【子どもの観察と記録】
　治療的介入ほどには，毎日の詳細な観察や記録は必要ないかと思います．しかし，年度や学期の最後には，保護者や公的な機関を通して，これまで取り組んできたSSTの内容とその成果，対人場面での指導の工夫などを書面にまとめ，次に参加する新しいクラスや活動集団に引き継ぎましょう．
　子どもたちは，遊び感覚でSSTの活動を楽しむでしょう．もし，社会的に困った行動があれば，事前に知ることができてむしろラッキーです．その部分に焦点を当て，望ましい行動を丁寧に提示しましょう．小集団での指導では，子どもと子どもの関わりに注目し，会話や行動を観察することが重要です．発達障害の特性のみならず，子どもの個性にも注目しましょう．

【セッションの手順】　基本的に治療的介入と同様です
【指導のヒント】　基本的に治療的介入と同様です

③ 発達的介入
　発達障害児とその周囲の子どもたちにとって，家族や所属する学級などの最も身近な集団で行うことのできる介入方法です．学級担任や，両親といった身近な大人が，いわゆるSSTの指導者という立場になります．いつでも

始められる，特別支援教育の制度を表向き必要としない，障害の診断や受容は必須ではない，といった点では最も手軽な方略ですが，実は高い意識とテクニックを必要とする方法です．身近な大人が，自分たちが子どものソーシャルスキルを育んでいるのだという意識がなければ，発達的介入の必要性に気づくことはできません．子どもたちが診断を受け，その必要性に気づいても，接する時間が長い，発達障害児のみに着目できない，学級や家族という他の構成員の思いに左右される，など悩みはつきません．担任や家族は，ストレスで疲労困憊し，ついつい感情的になってしまうこともあるでしょう．ペアレントトレーニングや，ティーチャートレーニングなど，子どもの褒め方を学ぶトレーニングが人気なのも，このような状況があることが一因です．

　誰から教わるでもなく，無意識にとてもうまく子どもと関わることができ，学級や家庭の運営が円滑である，担任や家族に出会うことがあります．例えば，担任が代わったら途端に子どもの問題行動が減った，祖父母のところではウソのように落ち着いている，という場合です．ご当人たちにとっては，自然なかかわりで特別なことではないのでしょうが，私たちにとっては絶好の指導のヒントを得るチャンスです．

【適応】
- すべての発達障害児
- 単独で行う場合は，引きこもりや不登校でなく，集団活動を一定とれていることが必要
- 治療的介入，予防的介入にとって，発達的介入との併用が効果的

【利点と課題】
○利点
- 思い立ったらいつでもはじめられる
- 特別支援の制度を必ずしも必要としない
- 障害の診断や受容は必須ではない
- 互いに認め方を学ぶことができ，仲間意識が育つ
- 発達障害児のイメージが悪くならない
- 周囲のソーシャルスキルの育ちも期待できる

○課題
・不適切な関わりを継続すると，二次障害が免れない
・発達障害児の課題に，直接的にアプローチしにくい
・ひとりひとりに注目できず，観察や記録が容易でない
・表面的に行動がうまくとれている子どものストレスを見逃しやすい
・SSTの場面，方法，内容の決定，実施には，見識とテクニックが必要
・指導者が指導や助言を受け，ストレス・悩みを相談できる専門家が必要

【セッションの手順】
○学校で
1　学級内外で繰り広げられる，子ども同士のトラブルの有無に気づく
2　気づいたトラブルのエピソードを，教師としての主観・評価を交えず書き出してみる
　　　時期：学期，季節，前後の学校行事，午前・午後，曜日（週明け・半ば・週末）
　　　活動：授業中，休み時間，校外学習，登下校，清掃時間，給食
　　　人物：トラブルに関与した子どもたち，普段の子どもたちの関係，互いの印象
　　　子どもの状況：家族関係，登校前，学級内，クラブなどでのトラブルの有無
　　　子どもの特性：発達障害の特性，個性，年齢，性別
　　　　　　　　　　トラブルの詳しいエピソード：子どもと周囲の行動，発言
3　それぞれの子どもの立場で，その言動を解釈し理解する（特に，発達障害児の立場から，なぜそのことばを発したのか，その行動を取ったのか，という視点が重要）
4　次回のトラブル回避のために，以下のことを確認する
　　・発達障害のみが原因であるか
　　　　例　ADHDの特性ですべて説明可能か
　　　　　　ＬＤの特性ですべて説明可能か
　　　　　　高機能自閉症・アスペルガー症候群の特性ですべて説明可能か

二次的な障害があるか
・本人の心身の状況は万全であったか
　　例　家庭の養育状況，保護者との関係，きょうだい関係に課題がある
　　　　学校行事の練習で集団行動が多くストレスが蓄積
　　　　うまの合わない子どもと座席が近い
　　　　学習内容が理解できず自己評価が低い
・学級活動は適切であったか
　　例　集団構成（人数，メンバーの特性）
　　　　座席の位置，周囲の子どもたち
　　　　活動の内容とねらい
・トラブル発生時に担任がとった行動と発言
　　例　指導の方法：どこで，だれとだれに向かって，何を期待して
　　　　内容：叱責，注意，抑制，傾聴
　　　　声のトーン：大声で怒鳴るように，長々くどくど単調に，静かな声で淡々と
　　　　感情：怒りを覚えた，悲しかった，驚いた，恐かった
　　　　ことばの量：単語，二語文，長文
　　　　その他：普段子どもに抱いている評価（騒がしい，引っ込み思案など）

5　トラブル内容を3つに分類する
・発達障害のために避けがたいトラブル
・発達障害の関与もあり，他の要因の関与もある場合
・発達障害とは関係のない場合（一方的に被害者）

◎発達障害の関与があれば
・まず，双方の子どもの行動の善悪の評価でなく，傾聴が不可欠
・相手の子どもに何を伝えたかったのか
・そのときの気持ちの確認
・過去のトラブルの有無を確認

(ｱ) 発達障害児に対し
　　　トラブルの状況を解説（本人の見えていないところ・相手の子どもの特性や気もちを重点的に）
　　　他に対処法はないか，一緒に考える
　　　類似の状況下での子どもの言動を観察
　　　トラブルが頻繁であれば，個別指導（治療的介入，予防的介入）の併用も効果的

　(ｲ) トラブルの相手に対し
　　　どのような関わり方が好ましいか，その方法を知っているのか確認する
　　　好ましい関わり方の確認

◎その他の要因には，次のようなものがあげられます
　・校内での意識統一が不十分
　　　→先生方の対応に一貫性がない
　　　　⇒校内での意識統一
　・他学級や他学年の子どもからの言動
　　　→関わり方のコツを知らず，からかいの標的になる
　　　　⇒周囲の子どもへの指導
　・養育上の課題がある
　　　→家庭での生活リズムの乱れ，過度な叱責，集団生活と家庭生活の子どもの行動の違い
　　　　⇒保護者面談（状況の確認，育児アドバイス，ストレスサポート）
◎単なる被害者の場合
　　学校をあげて人権教育を行う
　　　誰でも弱者という立場になり得ること，まったく許される行為ではないことを確認
　　　しかし，加害者の子ども側にも，ストレス要因，家庭の養育課題などが山積していることが多い．また，診断を受けていないノーマーク

の発達障害児である可能性がある.

　あなたの目の前に支援を必要とする発達障害児がいれば，それぞれの立場で協力者を募り，目的や集団構成にあわせて，治療的介入・予防的介入・発達的介入の中から適切なものを選択し，オリジナリティーあふれるSST活動を作り上げてください．ニーズのあるところに，新しい支援が生まれます．それでは，次にSSTの実際の活動をみていきましょう．

2　SSTの実践

　ここからは実際に行われた8つの活動をご紹介します．いずれも，1年間の活動を通して，子どもたちの社会性にみられた変化をとらえました．まず，幼児編は，幼稚園の通常の学級でクラス全体を対象としてSSTを行い，子どもたちの変化を調べたもので，発達的介入ととらえることができます．次に，小学生編，中学生編は，発達障害児を抽出して小集団グループをつくり，大学構内でSSTを行いました．ここでは，現職の教員1名がリーダーとなり，大学の学部生，大学院生らが子どものサポーター，あるいは対等なメンバーとして活動しました．発達障害児を対象として行っているので，治療的介入，予防的介入にあたります．最後に，民間支援のプログラムとして，京都YMCAと奈良YMCAの発達障害児へのサポートプログラムについて紹介します．これは，1日をたっぷりボランティア学生と共に過ごす活動ですので，学校での校外学習や家族旅行，週末の余暇活動などにも役立てていただけるヒントがみつかるでしょう．

　8つの活動を次のように分けてご紹介します．

(1)　幼児編
　　A　ゲーム活動で社会性を育てよう
(2)　小学生編
　　B　ゲーム活動で社会性を育てよう
　　C　日ごろのトラブル――脚本を作りドラマで演じてみよう
　　D　職業意識を育てよう
　　E　「会議」で思いや考えを伝え合う
(3)　中学生編
　　F　こんなときどうする？
(4)　民間支援のプログラム
　　G　京都YMCAのサポートプログラム
　　H　奈良YMCAのサポートプログラム

以下のレポートは，各活動リーダーの報告をもとに筆者が再構成したものです．

(1) 幼児編

A　ゲーム活動で社会性を育てよう

（活動リーダー　兵庫県川西市立川西養護学校教諭　高木裕美）

> 　通常の学級内には配慮が必要な"気になる子"が在籍している場合が多く，これは小中学校に限らず幼稚園・保育所でも同じです．この"気になる子"の共通点として，社会的スキル不足があります．このプログラムでは，"気になる子"を取り出して指導するのではなく，学級集団の全幼児を対象にSSTを行い，子どもたちの変化を確認しました．一斉指導は，子ども同士の学びあいが生じることや，周りにモデルが多数存在し，般化が促しやすいという利点があります．また，お互いの行動上の変化に気づきやすく，相互にフィードバックしながら，学級づくりの基礎となるルール作りに取り組むことができます．一方，担任にとっては子どもの人数が多いために"気になる子"の様子だけに注目しづらいという欠点もあります．ここでは，幼稚園の先生方の協力を得て，子どもたち一人ひとりの変化をとらえました．もちろん，毎日の実践では到底不可能なことですが，この結果を元に遊びの選択の重要性，SSTの効果について認識していただければと思います．
>
> 　幼児期にひとたび仲間関係のつまずきが生じると，先の児童期での成長にも影響します．予防的・発達的な観点から，幼稚園での学級集団SSTは有効でしょう．
>
> 　実際には，行動のリハーサルとなるよう，日常の遊び場面に近い状況でゲーム活動を取り入れました．

1）活動の目的
① 日常の遊び場面に近い状況で，ゲーム活動を取り入れたプログラムを作成する．

② 幼稚園の学級集団における全幼児を対象とする．
③ 子どもたちの社会性を評価し，その変化を明らかにする．

2）活動の方法
　(1) 対象児
　　　幼稚園年長児 26 名（男子 15 名・女子 11 名）
　　　このうち，2 名（A 児・B 児）は HFPDD の疑い（以下"気がかりな子"とします）
　　　子どもたちは，小集団の班に分けました．
　(2) 指導の手続き
　　［目標の設定］
　　　指導前の社会的スキル評定，行動観察，学級担任との面談などを参考に，「上手な聞き方」「暖かいことばかけ」「友だちと協力する」の 3 つをターゲットスキルとしました．
　　［指導前後の評価］
　　　指導前後に，以下の評価をし，その変化をとらえました．
　　　・学級担任による学級在籍児全員の社会的スキル評定の実施
　　　・"気がかりな子" 2 名の行動観察－自由遊び場面，朝の会
　(3) 指導の構成
　　　指導期間は 2 ヶ月間で，活動リーダーと担任（アシスタント）の 2 名で指導しました．各セッションは，約 40 分間で，教示→モデリング→リハーサル→フィードバックの順に行いました．セッションは合計 8 回行い，これをベースラインセッション（BL）2 回，訓練セッション（TR）5 回，フォローアップセッション（FU）1 回としました．
　(4) 指導の概要（表 1 参照）
　　　・ベースラインセッション（BL）
　　教示等は行わず，3 つのスキルが含まれるゲームのみ 2 セッション行い，A 児，B 児のゲーム中の様子を観察しました．

　　　・訓練セッション（TR）
　　第 1 セッション「上手な聞き方 1」

|教示|　話を聞いておらず損をした場面をペープサート（紙人形）劇で再現し，主人公はどうすれば上手に話を聞けたかを話し合います．「上手な聞き方」のポイントとして
　　A　相手を見る
　　B　手は膝の上
　　C　最後まで聞く
　　D　どんなことをいっているのか考える
の4つを，絵と文字で書かれたポイントシートで教示しました．
　|モデリング|　指導者によるモデル提示の後，班ごとにやってみて，良かったところをリーダーから全体に伝えて確認しました．
　|リハーサル|　ゲーム「船長さんの命令」を実施しました．ゲームの最中に，人の話に注目してしっかり聞けた場合には，リーダーからきちんと聞けていることをことばで伝え，できるだけ褒めました．

第2セッション「上手な聞き方2」
　|教示|　広い場所で遊んでいる時の先生の話の聞き方について実演しました．この場合，「手は膝の上」はふさわしくなく，「動くのをやめる」を教示しました．
　|モデリング|　代表の班がこれを演じ，良かったところを子どもたちが発

表1　ゲームとスキルとの関連

	ゲーム名	含まれるスキル
BL1	大嵐 風船運びリレー	上手な聞き方 暖かいことばかけ，友だちと協力する
BL2	フルーツバスケット 風船運びリレー	上手な聞き方 暖かいことばかけ，友だちと協力する
TR1	船長さんの命令	上手な聞き方
TR2	だるまさんがひろがった	上手な聞き方
TR3	ボーリング	暖かいことばかけ
TR4	わなげ	暖かいことばかけ
TR5	大玉ころがし	暖かいことばかけ，友だちと協力する
FU	大嵐 風船運びリレー	上手な聞き方 暖かいことばかけ，友だちと協力する

表しました．

　[リハーサル]　ゲーム「だるまさんがひろった」を実施しました．ホール内に紅白の玉をまき，リーダーの「だるまさんがひろった」ということばが聞こえている間，玉を集め自陣の箱に入れるゲームです．「だるまさんがひろった」ということばのスピードを，リーダーが布で視覚的に示しながら伝えました．勝負は，玉の数だけでなく，「上手な聞き方」ができているかをポイントとして加えました．

　第3セッション「暖かいことばかけ1」
　[教示]　いくつかのことばを，よい気持ちにさせる「あったかことば」と，嫌な気持ちにさせる「チクチクことば」に分け，「表情カード」を添えてイメージを持たせやすいように提示しました．サッカーのゴールシーンを実演し，その後の台詞が「あったかことば」か「チクチクことば」か，を選択させました．次に行うボウリングゲームでの，好ましい応援の仕方を，
　A　相手を見る
　B　聞こえる声で
　C　笑顔で
の3点を絵と文字で書かれたポイントシートで教示しました．
　[モデリング]　ボウリングの実演に合わせてリーダーが応援のモデルを示し，続いて全員で声を出す練習をしました．
　[リハーサル]　ボウリングは班対抗で行い，ゲーム中は特に応援を重視し，よい応援には即座に声をかけて褒め，フィードバックするよう配慮しました．ゲーム終了後は，点数の多かったチームと同様に応援の上手だったチームを評価しました．

　第4セッション「暖かいことばかけ2」
　[教示]　「おしい」「次がんばろう」などゲームやスポーツで人が失敗した時にかけることばで，その人の気持ちが暖かくなるものを教示しました．また，表情の大切さを確認し，笑顔で伝えることが相手を良い気持ちにさせることも示しました．
　[モデリング]　第3セッションと同様，輪投げの実演に合わせてリーダー

が応援のモデルを示し，続いて全員で練習しました．

[リハーサル] 輪投げを班対抗で実施しました．良いことばかけは即座に褒めてフィードバックするよう配慮しました．ゲーム終了後のまとめでは，輪が多く入ったチームと応援の上手だったチームを評価しました．

第5セッション「友だちと協力する」

[教示] 今まで学習した「上手な聞き方」「暖かいことばかけ」をベースに，「友だちと協力する」スキルをターゲットとしました．子どもたちには「友だちと力を合わせる」ということばで表現し，「力を合わせる」とは具体的にどういうことかを考え発表させました．指導者により，「大玉ころがし」で真っ直ぐ進まないシーンと，1人が先に行きもう一人が残されてしまうシーンのふたつを実演しました．2人で真っ直ぐ進むにはどうすればよいかを話し合わせ，次に

A　声を合わせる（1・2・1・2…）
B　一人でスピードをあげない
C　友だちを見る

の3つがコツであることを絵と文字で提示しました．

[モデリング] 数名が前に出て実演し，良い部分はすぐにことばで褒めました．

[リハーサル] 二人組の大玉ころがしを実施しました．早くゴールすることのみならず，まっすぐ進んだペアや声をしっかり出していたペアを評価しました．また，友だちへの積極的な応援も評価しました．

・フォローアップセッション

ベースラインセッションと同じゲームを実施し，訓練セッションの効果を評価しました．

(5) 指導の結果

指導前後に担任教諭によって評定された教師評定用社会的スキル尺度（幼児版）[1]の得点を表2, 3に示します．その結果，問題行動領域では，学級全体では不安・引っ込み思案と不注意・多動，B児には総得点と不安・引っ込

表2　教師による評定尺度　問題行動領域

測定時期	A児 訓練前	A児 訓練後	B児 訓練前	B児 訓練後	学級全体 訓練前	学級全体 訓練後
総得点	39	40	50	43*	35.12 (4.18)	34.85 (3.98)
不安・引っ込み思案	14	14	19	5*	13.88 (1.97)	13.08* (1.60)
攻撃・防害	15	15	17	15	11.69 (1.74)	11.88 (1.61)
不注意・多動	10	11	14	13	9.54 (1.88)	9.88* (1.95)

＊ $p<0.05$

表3　教師による評定尺度　社会的スキル領域

測定時期	A児 訓練前	A児 訓練後	B児 訓練前	B児 訓練後	学級全体 訓練前	学級全体 訓練後
総得点	72	77	66	74*	78.54 (6.30)	84.73* (5.20)
社会的働きかけ	25	29	22	24	25.96 (3.09)	27.92** (2.62)
自己コントロール	10	10	10	12	13.50 (2.16)	14.69* (2.04)
協調	16	17	16	17	18.04 (1.73)	18.54 (1.39)
教室活動	21	21	18	21	21.04 (1.97)	23.58** (1.88)

＊ $p<0.05$，＊＊ $p<0.01$

み思案の領域で，統計学的に有意な得点の変化がみられました．社会的スキル領域でも，学級全体に4つの内3領域で，B児にも総得点の有意な上昇がみられました．つまり，この一連の取り組みで，学級の子どもたちのソーシャルスキルが全体に向上し，問題行動が改善し，"気がかりな子"にもソーシャルスキルの一部に効果が見られたということを示します．

次に，A児B児の自由遊び場面における行動を10のカテゴリーに分け，

---

1) この尺度は，社会的スキル領域（4下位尺度，計25項目）と問題行動領域（3下位尺度，15項目）から構成される．それぞれ5点（非常によくみられる）から1点（まったくみられない）の点数をつけ，前者では得点の高いほど社会的スキルが優れていることを，後者では得点が低いほど問題行動が少ないことを表す．

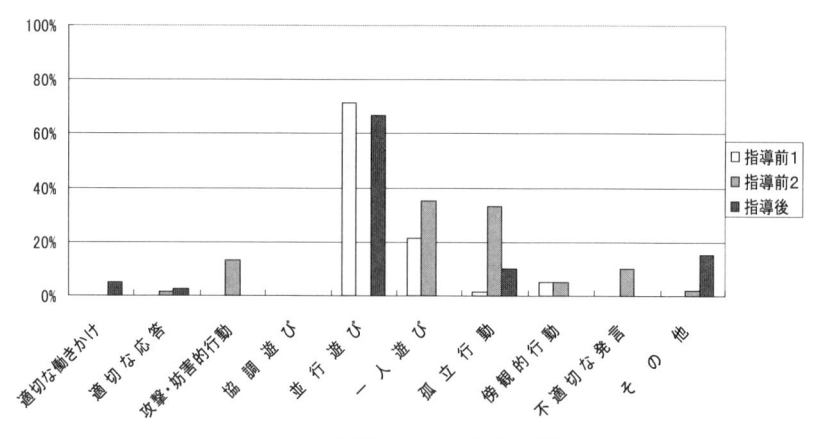

図1　A児指導前後の自由遊び行動観察

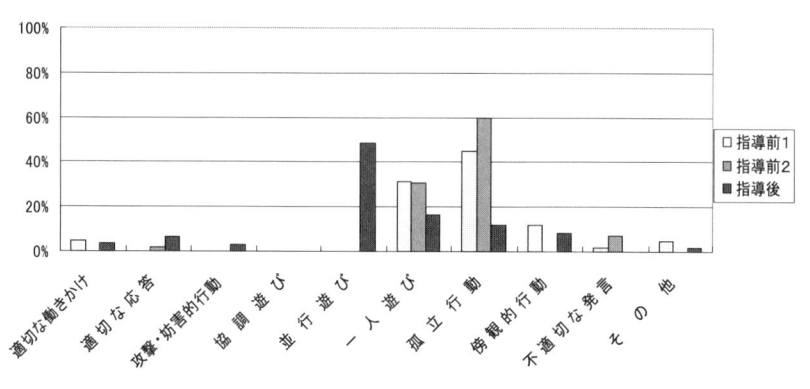

図2　B児指導前後の自由遊び行動観察

指導前（2回）後（1回）で評定しました．A児は，指導前1は積み木遊びを，指導前2は箱や紙を手に歩き回っていました．B児は，指導前1，2とも一人でうろうろしていました．この図をみると，指導後にA児では「一人遊び」が消失し，B児では「一人遊び」「孤立行動」の減少と「並行遊び」の出現がみられることがわかります．

(6) まとめ

通常の学級に診断を受けていない"気がかりな子"が在籍し，取り出してソーシャルスキル・トレーニングを施行することのできない場面は，少なか

らずあるかと思われます．今回の結果から，学級集団を対象としてターゲットスキルを明確にし，ゲーム活動を行うことで，学級全体のソーシャルスキルを向上させることができました．また，"気がかりな子"の社会性も一部分からゆっくりではありますが，向上しています．学級を運営するに当たり，つい"気がかりな子"に注目しがちですが，すべての子どもたちを対象にしたSSTは，学級全体の社会性の向上につながります．発達障害児にわかりやすく工夫した指導，ターゲットを明確にしたことが，効果につながったと思われます．

(7) 指導のヒント
◇将来を見越した課題を設定する
　幼稚園児であっても，小学校に入ってからの生活を想像して，役立つ課題を考えることが重要です．求められる社会性は文化や環境によって異なります．幼稚園から小学校への移行は，子どもたちにとってはまさに大きな環境の変化です．

◇子どもは忠実に教えを守ろうとする
　子どもは大人に褒められることが大好きで，教えたことをどんどん実行して更に褒められようとします．朝の会や昼食時などいろいろな場面で「上手な聞き方」を子どもたちは意識し，時には注意し合うなど子ども同士のチェック機能が働き始めました．一方で，このチェック機能は，行き過ぎることがあります．先生に教えてもらったことだから正しいことだという意識が強く，友だちに強く言いすぎる場面もみられます．このようなとき，担任が日ごろ学級経営の中でルールを作り，理解させ，指導をしているのかが問われます．子ども同志がいきすぎた注意をしてトラブルに発展しても，「もう一度，先生に尋ねてみよう」と先生を信頼し調整を求めてくれば，再び解決に向かうでしょう．

◇学級が子どもの居場所となっているか
　子どもたちが学級を自分の居場所と感じていることも重要です．クラスを居心地良いと感じるには，クラス内で褒められ，役割があることが必要です．

物のご褒美やアドバンテージ的なものがなくても，ことばで褒められるのは大切なことです．クラス全員が「よい行動」を一緒に学習していると，友だちからの評価も受けやすく，気がかりな子を担任が何気なく褒めると，「そういえば，B君あの時上手やった」などと周囲の子どもたちも覚えています．クラス全体を対象としたSSTを道徳や学活の年間計画に組み入れれば，学級経営の柱ができるでしょう．

◇子どもたちの自由遊びの観察

　子どもたちに変化が見られたかどうかは，自由遊びの中で確認することができます．指導前，B君は自由遊びの時間は紙やビニール袋などを手に持ち，友だちの遊びを周りから眺め，時折声をかけるものの友だちからの反応はありませんでした．しかしSST指導後には，積み木コーナーで友だちと交代で積み木を積む姿や，友だちの横に座り笑って話しかける姿もみられました．

　効果がみられた理由のひとつは，周囲の友だちが，ゲーム活動を通してB児とのつきあい方を学んだことがあげられます．班分けやペア組みは，B児に優しく接してくれモデルとなり得る子どもたちを構成メンバーに入れました．これにより，B児へのかかわり方を学んだ子どもが増えたと考えられます．もうひとつは，B児自身の変化がみられたことです．セッション中，誰よりも大きな声で，学習したことばを友だちに投げかけていました．おそらく，彼はどのようなことばをどの場面で言うべきかがわからなかったのでしょう．

◇視覚支援の有効性

　ゲーム活動は，子どもたちのモチベーションを高く保つことができる教材ですが，事前に十分な環境設定をせずに実施すると，指導者が途中で行動修正のために口を挟む回数が増え，子どもたちは注意を聞きながら動くことになります．チームで並ぶ場所やスタートの場所，動き方の動線などを視覚的に提示することで，より普段の遊び場面に近い，子どもたちだけの活動場面を確保できたと考えています．

> 資料1　訓練セッション1

指導案「上手な聞き方1」

【ねらい】話を聞くときのポイントを知る

【ゲーム】船長さんの命令

【準備物】「上手な聞き方」ポイントシート，ペープサート，舞台，船長さんの帽子，セッションカード

【指導の留意点】フィードバック（良かったところをほめる）は即座に行う

【展開】

技法	内容	目標行動	評価点・留意点
導入	・今日のテーマ紹介「上手な聞き方」	・この時間のテーマを知る ・話を聞くことの大切さに気づく	・わかりやすい状況も交えて紹介する．
教示	・ペープサート劇で「話を聞いていなくて損をした」場面を見せる． ・「話の聞き方」のポイントを知る．	・劇の内容を理解する ・4つのポイントに注目する A 話している人を見る B 手はおひざ C 最後まで聞く D どんなことを話しているのかな？	・短い台詞，オーバーな表現で状況をわかりやすく演じる． ・ポイントシートを使って視覚的にわかりやすく説明する． 4つのポイントが理解できているか
リハーサル	・チームごとに上手な聞き方をやってみる．	・4つのポイントに気をつけて上手な聞き方を練習する．	・上手な聞き方ができたチームをほめる． ・指導者に○がもらえるまでがんばるよう促す． ・注目しやすいよう「話す人」はペープサートを持つ． ・「手はおひざ」と「話している人を見る」ができればゲームを始めることを約束としておく．
ゲームリハーサル&フィードバック	・「船長さんの命令」	・4つのポイントに注意し，ゲームの中で上手な聞き方ができる．	・ポイントシートを掲示し，時々注意を喚起する． 4つのポイントを意識しているか
全体のまとめ	・まとめ	・「話しの聞き方」ポイントシートに再度注目し，今日のポイントを整理する．	・リーダーは帽子をかぶる． ・上手な聞き方はすぐにほめる． ・全員のカードにシールを貼る．

資料2 訓練セッション2

指導案「上手な聞き方2」

【ねらい】椅子に座った時以外の，話を聞くときのポイントを知る

【ゲーム】だるまさんが…ひろった

【準備物】「上手な聞き方」ポイントシート，ペープサート，名前カード，長さを表す布，セッションカード

【指導の留意点】フィードバック（良かったところをほめる）は即座に行う

【展開】

技法	内容	目標行動	評価点・留意点
導入	・今日のテーマ紹介「上手な聞き方」 ・「上手な聞き方」のポイントを思い出す．	・前時と同じテーマであることを知る． ・4つのポイントを思い出す． A 話している人を見る B 手はおひざ C 最後まで聞く D どんなことを話しているかな？	・前時の内容に触れ，思い出す援助をする． ・子どもの発言に合わせて前時のポイントシートを提示する． 4つのポイントを覚えているか
教示	・立っている時やゲームで動いている時はどうすればよいか考える．	・「手はおひざ」をどうすればよいか考える． ・「動くのをやめる」ことに気づく． A 話している人を見る B′動くのをやめる C 最後まで聞く D どんなことを話しているかな？	・ペープサートでヒントを出す． ・ペープサートで大げさに表現する． ・前時の「手はおひざ」の上に新たなポイント「動くのをやめる」を貼る．
リハーサル	・「動くのをやめる」を入れた4つのポイントを体験する．	・「だるまさんが…」に合わせて聞くポイントをやってみる．	・小グループで行う． ・「話している人を見る」を忘れないよう，全員が指導者を見てから次のことばを言うことを約束しておく． 4つのポイントを意識しているか
ゲームリハーサル&フィードバック	（ウォーミングアップ） ・「名前探しゲーム」（スキルゲーム） ・「だるまさんが…ひろった」（長さを表す布）	・自分の名前が書いてあるカードをみつける． ・4つのポイントに注意し，ゲームの中で上手な聞き方ができる．	・チーム分けのためのゲーム ・ポイントシートを掲示し，時々注意を喚起する． 4つのポイントを意識しているか ・上手な聞き方はすぐにほめる． ・話し手に注目を促すため，

| 全体のまとめ | ・まとめ | ・「上手な聞き方」ポイントシートに再度注目し，今日のポイントを整理する． | 細長い布を見せ，ことばを続ける長さおよび，どのくらい動けるか見通しを持たせる．
・全員のカードにシールを貼る． |

|資料3| 訓練セッション3

指導案「あたたかいことばかけ1」

【ねらい】「あったかことば」「チクチクことば」という概念・意義を知り，弁別できるあったかことばをゲームの中で使える

【ゲーム】ボウリング

【準備物】あったか・チクチクことばシート，あったかことばポイントシート，表情カード，ペットボトルのピン，ボール，得点ボード，足形マット（投げる位置を示す）

【指導の留意点】フィードバック（良かったところをほめる）は即座に行う．「あったかことば」に注目した評価を心がける

【展開】

技法	内容	目標行動	評価点・留意点
導入	・今日のテーマ紹介「あったかことばとチクチクことば」	・ことばには「あったかことば」と「チクチクことば」の2種類あることを知る．	・人をよい気持ちにさせることばと，イヤな気持ちにさせることばに対応する表情カードを提示し，感情との結びつきをイメージしやすくする．
教示1	・サッカーのゴールを失敗したとき，成功した時の場面から気持ちを想像する．	・それぞれの場面のことばを聞いて「あったかことば」か「チクチクことば」かがわかる．	・普段子どもたちが言っていることばで再現する．・子どもたちの発言に合わせて表情カードを提示し，感情との結びつきを強調する．
		・提示されたことばを「あったか」「チクチク」に弁別できる．	・表情カードの下に分類する・言われたときの自分の気持ちを考えるよう促す．・友だちに言った場合も同じ気持ちになることを強調する．
	・「あったかことば」「チクチクことば」を分ける		
教示2	・友だちがいい気持ちになる言い方を知る．	・人がいい気持ちになる言い方の3つのポイントを知る． A相手をみる B聞こえる声で C笑顔で	・ポイントシートで視覚的にわかりやすくする．（声のボリュームは見慣れていないので具体的に説明する．）・各ポイントごとにリハーサルを行う．

ゲームリハーサル&フィードバック	・ボウリングゲーム（足形マット，得点を貼り付けたピン）	・「あったかことば」をたくさん使って友だちを応援する．	・チーム対抗だが，「ことば」に注目していることを伝える．
			3つのポイントを意識して応援しているか
			あったかことばを使おうとしているか
全体のまとめ	・まとめ	・ポイントシートに再度注目し，今日のポイントを整理する．	・全員のカードにシールを貼る．

資料4 訓練セッション4

指導案「あたたかいことばかけ2」

【ねらい】あったかことばをゲームの中で使える

友だちの気持ちを考えながら応援する

チームで協力する

【ゲーム】輪なげゲーム

【準備物】あったか・チクチクことばシート，あったかことばポイントシート，表情カード，輪なげ用ポール，輪，得点ボード，ベル，足形マット（投げる位置を示す）

【指導の留意点】フィードバック（良かったところをほめる）は即座に行う．「あったかことば」に注目した評価を心がける．

【展開】

技法	内容	目標行動	評価点・留意点
導入	・今日のテーマ紹介「あったかことば・チクチクことば2」	・前時の内容を思い出す． ・「あったかことば」を言う時の3つのポイントを復習する． A 相手をみる B 聞こえる声で C 笑顔で	人の気持ちに注目して覚えているか ・ポイントシートを使って思い出す．
教示	・絵に合った「あったかことば」を考える．	・絵を見て，提示された場面に合う「あったかことば」を発表する． ・ことば以外にも，言い方，拍手などでよい気持ちがすることに気づく．	・言われたときの自分の気持ちを考えるよう促す． ・友だちに言った場合も同じ気持ちになることを強調する． ・表情カードで，発表されたことばをいわれた時の感情や表情を全員で確認する．
リハーサル	・輪投げ場面を想定して応援の方法を考える．	・実際の場面をイメージして練習する．	・チームで協力して応援するとよいことを伝える．
ゲームリハーサル&フィードバック	・輪なげゲーム	・「あったかことば」をたくさん使って友だちを応援する．	・「あったかことば」で応援することを直前におさえる． 3つのポイントを意識して応援しているか あったかことばを使おうとしているか
全体のまとめ	・まとめ	・ポイントシートに再度注目し今日のポイントを整理する．	・全員のカードにシールを貼る．

|資料5| 訓練セッション5

指導案「友だちと力をあわせよう」

【ねらい】友だちと動きを合わせる

前回までの「上手な聞き方」「あったかことば」を思い出してゲームに参加する

【ゲーム】大玉ころがし

【準備物】あったかことばポイントシート，力をあわせるポイントシート，大玉2色，コーン，移動黒板，ペア作り絵カード，足形マット（投げる位置を示す）

【指導の留意点】フィードバック（良かったところをほめる）は即座に行う
聞き方・あったかことば・友だちと協力というポイントを評価するよう心がける

【展開】

技法	内容	目標行動	評価点・留意点
導入	・今日のテーマ紹介「友だちと力をあわせる」	・今までの「力をあわせた」経験を思い出す．	・発表しやすいよう言葉を添えて聞いていく． ・上手な聞き方にも触れながらすすめる．
教示	・「大玉ころがし」での二人の「力のあわせ方」を提示する．	・大玉がまっすぐころがるためにはどうすれば良いかを考える． ・3つのポイントを理解する． A 声をあわせる（1・2・1・2） B 一人でスピードをあげない C 友だちをみる	・早さを競うのではなく，大玉がまっすぐ進むよう二人で協力することを確認する． ・3つのポイントをモデルを示して理解を促す． ・ポイントシートで視覚支援する．
リハーサル	・ポイントのリハーサル	・モデルのペアが前へ出てやってみる．	・声をあわせるところは，ボリューム表を使う． 3つのポイントの理解

ゲームリハーサル&フィードバック	・ペアづくり ・「大玉ころがし」	・絵合わせゲームでペアをさがす． ・スピードよりもまっすぐ進むことを意識する．	・「あったかことば」で応援することをポイントシートで直前におさえる． 3つのポイントを意識して動きをあわせているか あったかことばを使おうとしているか
全体のまとめ	・まとめ	・ポイントシートに再度注目し今日のポイントを整理する．	・全員のカードにシールを貼る．

(2) 小学生編

 (2) 小学生編
 B ゲーム活動で社会性を育てよう
 C 日ごろのトラブル──脚本を作りドラマで演じてみよう
 D キャリア教育で職業意識を育てよう
 E 「会議」で思いや考えを伝え合おう
 (3) 中学生編
 F こんなときどうする？

　この5つの活動は，発達障害の診断のある子どもたちを集めて大学においてSSTを行ったものです．子どもたちの意見によって，「あそびっこくらぶ」と命名しました．活動の内容はさまざまですが，参加者と構成，およびその役割は，以下のとおり決めて行いました．

[活動リーダー]
・目的を明らかに
　年間の計画をたて，活動の目的を明らかにし，子どもたちの行動の変化をとらえました．活動の約束や，注目すべき点については，視覚的にも聴覚的にも端的にわかりやすく伝えることを心がけました．子どもの理解の程度は，そのつど学生により確認され，リーダーに報告されました．必要な教材などは，学生らと共に作り準備しました．

・活動の工夫・見直し
　もしも子どもが活動に参加できなかった，うまくのれなかった，という学生の報告を受けると，リーダーは，自分の指示のどこに原因があるのか分析し，次回は訂正し工夫する必要があります．活動内容に無理があるのか，指示の方法に問題があるのか，子どもの分析のみならず，自分の指導の分析が不可欠です．自分のやり方に，子どもたちがついてくるべきだという思い込みは危険です．

・子どもを多面的に捉える
　さらに，保護者への聞き取りやアンケートにより，家庭における子どもの変化をとらえ，活動への要望も確認しました．参加者である子どもたちの担

任には，聞き取りやアンケート，場合によっては学級での様子を直接出向いて見学し，学校における子どもの様子や変化を把握しました．

　　大学生
　・ファシリテーター（調整役）として
　活動がうまくいくことを第一の目的とするのではなく，あくまで子どもの気持ちに心を寄せ，子どもの発言に耳を傾け，子どもの行動を尊重するというスタンスに立ちました．
　・翻訳者として
〈リーダーから子どもへの〉
　活動リーダーの意図が伝わらないときは，噛み砕いて，繰り返し説明しました．注目すべき箇所をタイミングよく伝えることもありました．活動の目標から行動がそれるときは，声をかけて確認しました．それでも，活動に参加できないときは，無理強いせずにありのままの結果をリーダーに伝えることとしました．
〈子どもからリーダーへの〉
　子どもの立場に立って，リーダーの指示の何がわかりにくかったかという視点で，進言できる学生もいました．字が小さく見えにくかった，声が小さく聞こえにくかった，たくさん一度にしゃべって意図が伝わりにくかったなどです．どうしても人前で挙手したり，声を出して発言できない場合は，小声や筆談で学生に伝えれば，学生がきちんと子どもになりかわって発言しました．考えを他者に伝える術をもたない子どもの意見を，決して無視しないよう心がけ，一人ひとりの意見を尊重しました．
　・不適切な行動への基本的なスタンス
　子どもが，社会的に望ましくない行動を示したときには，叱っていいのかいけないのか，どのように対処すべきか悩む学生が多く，よく話題となりました．体格の大きな子どもが，学生とじゃれあっているつもりでも，叩いたり蹴ったりの行動がエスカレートすることがありました．子どもたちは，これほど他者と楽しく関われた経験がなく，もっともっとと要求が膨らむこともありました．学生は，強い痛みを訴え，なすすべもなく泣きそうになったり，時に不快感を抱くことがありましたが，大声で叱ったり，感情的になら

ずに，毅然とした態度で端的に「私は，とても痛い」あるいは「私は，不快である」→「あなたの，その行動はこの状況で受け入れられない」ことを伝えます．それでも止まらなければ，別の学生と交代し，さりげなく話題を変えてしまうこともありました．学生が，まあいいかとうれしそうな表情でニコニコ，ニヤニヤしていては，子どもに誤解を与えます．相手の気持ちがどこから変わるか察することは困難であり，あいまいな態度は互いのためになりません．

・モデルとして

　活動の中で，学生は人とのかかわりのよきモデルとして機能しました．どうしていいのかわからない状況であっても，モデルの行動を通してうまくいく人との関係を目の当たりにし，理解が伴わなくともとりあえずうまくできるという成功体験を通し，同じような状況に遭遇したときに混乱せず見通しをもって対処することができます．失敗経験を重ねてしまい，不快な思い出が積み重なると，集団に参加することを避けたりあきらめたりするでしょう．

　対人場面で，社会的に適切な方法を知っている子どもは沢山いるのですが，実際の場面でとりあえず正しい方法をとることができる子どもは多くありません．さらに，どうしてそのような方法が望ましいのか，理由まで答えられる子どもは，ごくわずかです．どの部分で躓いているのかを分析することも，大切です．

B　ゲーム活動で社会性を育てよう（小学生編）

（活動リーダー　吹田市立豊津中学校通級指導教室教諭　山口正剛）

　集団で活動する，といえば，スポーツや集団あそびなどを行う中で，子どもたちは大人の目がなくても自由にグループを組み，楽しく時間を過ごします．中でも，ゲームは特別な技能を必要とせず，手軽にだれでも楽しめるものではないでしょうか．しかし，ルールや役割の交代など，参加者はその年齢に応じた社会性の発達が遂げられていることが前提であり，大きなトラブルが発生しないという仕組みになっています．

　発達障害児たちは，学校での休み時間などに繰り広げられるゲームでマイルールを主張し，周囲の子どもたちから非難を浴びたり，暗黙の了解がわからずにゲームを楽しめない，参加の方法やタイミングが計れない，あるいは勝ち負けにこだわりすぎる，などの行動がみられ，楽しく共に時間を過ごすことが難しいという特徴があります．結局，休み時間は1人で過ごすほうが楽になり，社会性を育むチャンスを逃しています．

　しかし，それぞれのゲームに必要な社会性を明らかにし，子どもたちの社会性を評価し，彼らに合ったゲームを厳選することで，子どもたちもゲーム活動を十分楽しみ，社会性を育むことができること，身近なところにモデルとなる学生がいることで，不足している社会性は補われ，参加し楽しめるということを，このプログラムは示しています．

1）活動の目的
① ゲーム中心のエクササイズを組み入れた指導プログラムを作成する．
② 学生ボランティアをグループ員として用いた指導形態でソーシャルスキル指導を行う．
③ 子どもたちの社会性を評価し，その変化を明らかにする．

2）活動の方法
（1）指導方法
　　参加児童は7名で，その内訳は男子5人，女子2人，7歳～12歳（小学1

年～6年）でした．6～12月に計7回（平日午後，通常1回60分）グループによるソーシャルスキル指導を行いました．活動の第1回目と第2回目を導入期，第3回目から第7回目を指導期とし，導入期は子どもの様子を観察して，その後のソーシャルスキル指導のプログラムを立てる参考にし，指導期にはメンバー構成を変えました．子どもを2グループに分け，導入期におけるグループ構成は，児童1～2名に学生6～7名の計7～9名とし，指導期は学生の人数を減らし，児童2名に対して学生3～4名の1グループ計5～6名としました．学生は指導者という役割ではなく，子どもと対等に活動するグループ員という位置づけとしました．

指導プログラムは，最初に"はじまり"として自己紹介や，最近あった出来事を伝える「私のニュース発表」を，次にエクササイズとしてゲームを2～3つ，最後に"ふりかえり"で活動の流れを思い出しシートに記入するという構成としました．第4回だけ特別活動として調理（ピザづくり）を親子参加で行いました．

（2）指導概要
① 導入期
　導入期は子ども達が安心して楽しめる居場所になることを目標に，全員が一度に参加できる，大きな動きのあるゲームを取り入れました．

② 指導期
　第3回目以降は，児童の学級担任によって行ったソーシャルスキル尺度評価の結果をもとに系統性のある指導プログラムを立てることを試みました．仲間関与スキルの低い子どもや，集団行動スキルの低い子どもが多く，他者認知の力をつけること——つまり，他者を意識し，他者の理解を深めることのできるゲームを選定しました．また，自己コントロール力が弱いことがうかがえたため，チームでの協力が必要であり，かつ勝ち負けのあるゲームを選定しました．第3回目から第7回目までの指導は，表2に示す通りです．なお，それぞれのゲームで，どのような力を要するかを詳しくあげたものが，表3です．

表1　指導概要

回	指導プログラム
1	①自己紹介 ②大嵐　お店あて ③震源地探し ④ふりかえり
2	①復習シート ②自己紹介・私のニュース ③震源地探し ④あとだしじゃんけん ⑤猛獣狩りへ行こう ⑥ふりかえり
3	①自己紹介 ②他己紹介 ③私はだれでしょう ④大嵐 ⑤ふりかえり
4	［調理］ 　　ピザづくり
5	①私のニュース発表 ②サイン集め ③新聞紙リレー ④何でも並べ替えゲーム ⑤ふりかえり
6	①私のニュース発表 ②聖徳太子ゲーム ③お次は誰だ？ 　ヤマカンゲーム ④作ってあそぼ！ビンゴ ⑤ふりかえり
7	①私のニュース発表 ②新聞紙リレー ③他己紹介Ⅱ ④友だちビンゴ ⑤ふりかえり

3）子どもたちの変化

　参加者のうち，定期的に参加していた2名（A児，B児）の変化を紹介します．

（1）A児の様子

　第1回目：はじめの表情は固かったが，次第に慣れてきて笑顔も少しみられた．ゲームは楽しそうに参加した．

　第2回目：ある男児のことばに気分を害し，参加を放棄した．

　第3回目：グループの構成が変わり，子ども2人に対して学生が3人という，子どもの人数に対する学生の人数の割合が少なくなったためか，それまでより主体的にゲームに参加できた．他己紹介が出来ず，人前で何かを発表することは難しかった．

　第4回目：ピザづくりでは非常に情緒的に安定しており，最初から最後まで良い表情を見せた．調理のあらゆる作業を上手にこなし，笑顔も多く達成感が得られたと思われる．回を重ねるごとに良い表情が多く見られるようになっていった．

　第5回目：サイン集めでは，自分からB児に声をかけ，じゃんけんをした．

　第6回目：最初から笑顔で入室した．聖徳太子ゲームで大活躍し，大学生から褒められ，とても嬉しそうだった．振り返りシートの「今日は楽しかったですか」と「また来たいと思いますか」の質問に対し，それまで「わからない」に丸をつけていたが，この回初めて，いずれも「はい」に丸をつけた．

表 2 指導期のソーシャルスキル指導エクササイズ

目的＼回	自己コントロール	他者認知		その他
		対人意識を高める	他者理解を深める	
	相手と動きを合わせる／チームの負けの受け入れ	人への関わり／人の名前を覚える	他者の属性への気づき	
3			他己紹介，大嵐	私はだれでしょう
4				調理（ピザ）
5	新聞紙リレー	サイン集め	何でも並び替えゲーム	
6	聖徳太子ゲーム	お次は誰だヤマカンゲーム		作ってあそぼ！ビンゴ
7	新聞紙リレー	友だちビンゴ	他己紹介Ⅱ	

第7回目：第6回目と同様，終始明るい表情で過ごし，ゲームを楽しんだ．また，それまでできなかった他己紹介も，初めて行うことができた．人前で発表するときは恥ずかしそうであったが，声量も十分でよく聞き取れる声で発表できた．必要なことを自分から指導者に質問する場面もみられた．振り返りシートの「また来たいと思いますか」の質問に対して，今回も「はい」に丸をつけた．

まとめ：対人関係では，スムーズな人との関わりが増えた．特に指導期後期には，自ら質問するなど，自発的に人へ働きかけようとする行動がみられた．また，ニュース発表の時に，他の子どもの発表に対して拍手をするなど，場にふさわしい行動が次第に現れはじめた．ゲームへの積極性も高まり，最初にできなかった人前に出て発表することができた．

(2) B児の様子

第1回目：最初あまりしゃべらず，慣れてくると一方的であるが発言がみられた．他グループの男児の発言に腹を立て，そのことをずっと引きずって最後まで気持ちの切り替えができなかった．

第2回目：最初は楽しそうにゲームに参加したが，途中で他グループの男児の言動が気になり，ゲームの役ができなくなる．隣にいる学生にはよくしゃべるが，人前へ出るとしゃべることができない．

第3回目：他己紹介ができなかった．この回は多弁な男児の参加がなかっ

表3 導入時に行ったゲームに含まれる主な要素

要素 ゲーム	聴覚: 音源定位	聴覚: 音への気づき	聴覚: 聴覚的弁別	ことば: 言語理解	ことば: 語彙力・語想起力	ことば: 表現力	ことば: 文字の読み書き	ことば: 抽象能力	かず: 音韻操作	かず: 数の概念	かず: 順序数	かず: 計算	視覚: 視覚イメージ	視覚: 空間位置関係	視覚: 視点の変換	視覚: 形の理解	視覚: 図と地	注意記憶: 視覚的注意	注意記憶: 聴覚的注意	注意記憶: 視覚的記憶	注意記憶: 聴覚的記憶	運動: 巧緻性	運動: ボディイメージ	SST: 役割	SST: 順番	SST: 感情抑制	メタ認知	処理速度	ルール理解
大嵐	○			○	○			○											○					○		○		○	○
震源地探し		○												○				○	○	○			○	○					○
猛獣狩りに行こう		○		○	○				○	○									○		○							○	○
お店あて				○											○	○		○	○	○	○			○					○
あとだしじゃんけん			○																○		○	○				○		○	○

◇ プログラム例　　　　◇ 他己紹介カード　　　　◇ 振り返りシート

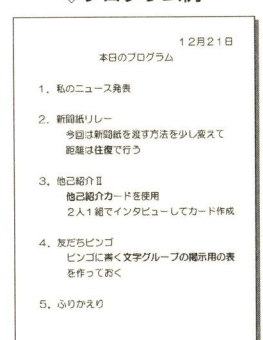

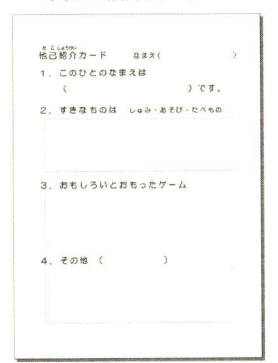

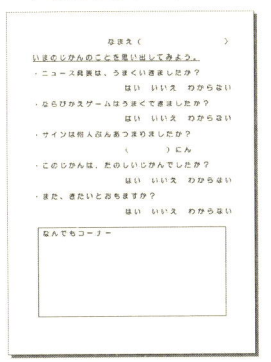

たため，落ち着いて過ごせた．前回うまくできなかった役もうまくこなせた．

　第4回目：ピザづくりでは落ち着いて取り組め，楽しんで参加することができた．

　第5回目：苦手であった多弁な男児がいたが，落ち着いて過ごし，男児の声にも無関心であった．ゲームには楽しく参加できた．

　第6回目：最初のゲームの途中で他グループの男児と言い合いになり，その次のゲームまでその気持ちを引きずる．しかし，最後のビンゴゲームでは気を取り直し楽しめた．振り返りシートにも不機嫌を表す記述はなかった．

　第7回目：新聞紙ゲームで良い動きができ，自分のチームが勝てたのでとても嬉しそうだった．また，第3回目でできなかった他己紹介も，少し声は小さかったが，人前に出て発表することができた．友だちビンゴでは，いち早くビンゴになり，とても嬉しそうだった．

　まとめ：感情のコントロールの力が向上した．場にふさわしく，気持ちを表現する行動も後半には現れた．自己コントロール力が向上した頃から，ゲームへの積極性が高まった．人との会話は，当初は一方的だったが，後半には他者の発言に対して適切にやりとりをする場面が増えていった．

C 日ごろのトラブル——脚本を作りドラマで演じてみよう

（活動リーダー　大阪府立高槻支援学校教諭　閑喜美史）

> 「十人十色」「人はみんな違っていい」など，他者はあなたとは違う考えがあること，それを自分の考えに強制する必要はなく，他者の意見も尊重すべきであることを表現する格言はいろいろとあります．「みんな仲良しのクラス」という学級の標語も，同様でしょう．
>
> こういったことばは，万人に受け入れられる適切なものとして，子どもたちに吸収されていきます．しかし，実際には，意見が異なったとき，こじれたとき，どのように物事を決定し，事を収めるかという具体的な方法は，あまり教えられていないのではないでしょうか．子どもの自主性に任せ，子どもたちで解決の道筋を考えさせる，その結果を体験することで，その方略が適切であったか否かを振り返らせる．このような指導は，通常学級，特に高学年において繰り広げられているかと思います．子どもたちの想像力を引き出す，自主性を育てる，ひいては生きる力を育てる，などの美しき教育目標の影で，発達障害児の周囲に大きなトラブルが発生していることが少なくありません．実際には，大人がトラブルに気づかない，気づいていても状況が把握できない，トラブルへの対処方法を誤る，といったことがおきています．子どもの発達障害特性から，子ども同士の問題を分析できるようになると，適切な対処法も自ずと発見され，スムーズに解決に結びつくでしょう．
>
> このプログラムは，トラブルが起こりがちな場面を設定し，台本を作成しました．台本という文章に起こして視覚的にふりかえることで，どうしてそのようになったか状況を細かくみること，登場人物の発言の違いに気づき，人は同じ状況下にあってもそれぞれ考えは異なること，どうすればトラブルが回避できるかということを，台本を通して学び考えることを目標としました．

1）活動の目的

「社会的問題解決スキルトレーニング法」とは，SSTの技法のひとつです．

これは，具体的なソーシャルスキルを教えることに焦点をあてるのではなく，問題解決の過程を構成する，一連の情報処理ステップを細かく教えようとするものです．具体的には，子どもたちが学校や家庭で日常的に遭遇する社会的問題場面を，脚本に起こし，これをドラマ仕立てにして再現，つまりロールプレイの手法を取り入れます．また，ドラマを見て，元となった脚本に自分ならどうするかと考えて手を加え，みんなに紹介します．これによって，同じ状況でも子どもたちがとる行動は異なることを知り，話し合いによって適切な行動を編み出すという活動をおこないました．つまり，「みんな違ってそれでいい」と，美しい題目のもとに暗に放置するのではなく，「個々にちがいがあることを知り，認め方を学ぶ」ことが大切という理念をもち，活動につなげました．

2）活動の方法（方法，日程，概要など）
　対象
　発達障害のある児童6名に，大学生および大学院生が学生トレーナーとしてつき，共に活動することとしました．また，日常の状況を把握するために，保護者および学級担任への聞き取りとともに，保護者の同意のもと，学級担任に児童用ソーシャルスキル尺度の評価を依頼しました．

　活動計画
　6〜12月の7ヶ月間に，月1〜2回，1回1時間30分のSSTを，合計10回実施しました．

表1　対象児童

児童（性）	学級（学年）	医学的診断
A児（男）	通常学級(1)	ADHD
B児（男）	通常学級(3)	ADHD
C児（男）	情緒障害児学級(3)	ADHD
D児（女）	情緒障害児学級(4)	アスペルガー症候群／LD
E児（男）	障害児学級(4)	アスペルガー症候群
F児（男）	通常学級(5)	アスペルガー症候群

表2　プログラム内容

時間	活動名	主な内容
0:00	1. あいさつ	あいさつ，予定の確認，学生パートナーの確認
0:10	2. つくってみよう	スライム，シャボン玉，折り紙，どんぐり工作，自分の顔（絵画）
0:30	3. ミニ劇場	「こんなときどうする？」（みる，書く，演じる，話し合う）
1:00	4. おやつ	手洗い，食器準備，配膳，片づけ
1:15	5. 思い出してみよう	振り返りカード記入
1:30	6. あいさつ	次回の予定，あいさつ

3）プログラム例

1回のプログラム構成は，「あいさつ」「つくってみよう」「ミニ劇場」「おやつ」「思い出してみよう」により構成しました（表2）．それぞれの活動の内容は，以下のとおりです．

「ミニ劇場」とは

日ごろの生活でよく見られる課題場面を設定し，活動リーダーである著者が台本を作成しました．

子どもたちには「自分ならどうするか？」を考え，元の台本に書き入れや修正をするよう依頼しました．

表3　「ミニ劇場」各回のテーマと内容

	テーマ	内容
第1回	「自己紹介」「クラス名決め」	クラス名（「あそびっこ」）を決める話し合い．
第2回	「歩いている時に」	学生トレーナーによる劇をみる．台本を見て，「自分ならどうするか？」を考え，元の台本に書き入れや修正をする．「自分の台本」の劇を演じる（自分またはトレーナー）．他児の台本の劇をみる．演じた劇，みた劇について意見，感想を話す．
第3回	（カレー作り）	
第4回	（大学ウォークラリー）	
第5回	「学校で－授業時間に」	
第6回	「学校で－そうじ時間に」	
第7回	「家で－夕食の時に」	
第8回	「学校で－泣いている子」	
第9回	「ちがいについて」	自分の意見を話す．他児の意見を聞く．話し合う．
第10回	「創作劇発表会」	自分の作った台本を，自分または他児，トレーナーが演じる．他児の劇を見て意見や感想を話す．

自分の台本を劇にして，自分で，あるいは学生が演じました．
他児の台本の劇をみます．
自分で演じた劇，みた劇について，それぞれ意見，感想を話します．

「ミニ劇場」の台本の実際―「そうじ時間に」（第6回）より―

○場面設定
チャイムがなりました．今からそうじが始まります．
　A君は運動場の隅にいたので，そうじ場所に行くまで時間がかかってしまいついた時には，もうそうじが始まっています．
　A君は，ホウキでそうじをしようと思ったのですが，ホウキは残っていませんでした．

> A君：（ホウキが使いたいなあ．でも，ない．B君にかわってもらおう．）
> A君：ホウキかわってよ．もう，ホウキのこってないねん．
> B君：なんで！　自分がおそくきたからやん．ぞうきんしろよ．
> A君：ぞうきんはいややねん．ホウキ，じゅんばんにしてや．
> B君：いやー．
> A君：もう，そうじする気なくなった．もういいわ．もうそうじせーへん．
>
> 　　あなたがA君ならどうしますか？
> 　　このままで良い→○
> 　　へんこうする→下のらんに，自分のせりふを書く
>
> A君：

○劇をみる
まず，学生が，この台本を演じて見せます．

〈子どもの状況〉

子どもたちは，学生トレーナーが演じる劇にとても関心をもって見入りました．「あっ，あの人悪い！」「大学生のくせに，持ち方間違ってるよ！」「ハイヒールはいてる小学生がいるかって言うんだよ！」「もう一回！」….いろいろな視点で，時に"ずけずけ"発言します．

毎回の台本は，実際に自分が学校でトラブルとなった内容から作られたものであっても，それと気づく子どもはいませんでした．状況理解に弱さもみられ，正誤・善悪が意見の大半を占めていました．

劇をみて「どこで，誰が何を言い，どうしたか」は説明できても，「なぜそう言い，行動したか，その結果どういう状況になった」という意味合いの理解や，状況の前後のつながり，自分自身への置き換えは難しく，トレーナーによるきめ細かな解説や確認が必要でした．しかしどの子どもも，学生トレーナーの一挙手一投足に，親しみのこもった眼差しを向けていたことが大変印象に残っています．

○自分ならどうする？/演じる/他児の劇をみる

次に，ひとしきり劇の感想を話した後，「自分ならどうするか」の観点で台本に書き入れをし，これを自分であるいは学生により演じさせ，交替で他の子どもの台本による劇を鑑賞しました．

〈子どもの状況〉

子どもたち自身が考えた，もしA君の立場だったら，の意見を紹介すると，

A児：友だちに頼まれるとさっとホウキを貸す．
B児：自分の思い通りにならないと雑巾を放り投げ，遊んで掃除をしない．
D児：受けをねらい，「普通にしていては面白くない」と激しく言い合いする設定を考えたが，実際の回答は「普通，そうじするでしょ」であった．
E児：あきらめて，さっさと雑巾がけをする．
等でした．

しかし，担任への聞き取りにより，彼ら6人のうち5人が，学校で「掃除に参加していない」ことが判明しました．「掃除時間は，他人事のように本

を読んでいる」「分担表を見て，自分だけが掃除をさせられていると勘違いして怒りだす」「「机を後ろにさげる」の意味がわからなかった事をきっかけに掃除をしなくなった」等，その経緯もさまざまです．つまり，学校での実態と，トレーニング場での彼らの回答との違いは大きかったのです．

○話し合い

　トレーナーや他児の劇を見て，「おもしろくって，いい！」「それ，ダメー」「普通っぽいからよくない」「そうそう，そう言うんだよ，大人は」…賞賛，批判，非難，同意，親近等，飛び交う意見や感想に，子ども達は敏感に反応し，台本にも変更を加えていきました．実際に自分で演じたり，トレーナーに自分の台本を演じてもらうのをみることで，自分の考えと実際の行動との距離を縮めていくことになりました．それは，行動の修正や改善ではなく，まさしく調整の場であったと感じました．まぜなら，その後子どもたちは，「やり直してみる」「今度，違うバージョン」「これは，お試しコース」等と言いながら，行動の試行，練習を自発的に始めたのです．その結果，自分も納得し，他児からも賞賛されるという経験を積むことができました．

4）子どもたちの変化

A児	「こうした方が良い」という正解はわかるものの，自分自身の行動の変化には及ばなかった．自分から他児に関わりを持つようになるにつれ，他児の意見を意識して受け入れるようになった．他児の台本への感心や賞賛が多くみられるようになった．
B児	初期は学生トレーナーへの一方的な自己主張が強かったが，他児の行動に反応を示し始め，話し合いへも積極的に参加するようになった．次第に，他児に対して批判したり，競争意識が芽生えるなど，他者を意識する行動が増えた．文章による他者の感情理解は良かったが，実際の生活場面では理解を示す行動に結びつくに至らなかった．

C児	最初は，参加への拒否感が強かったが，次第に学生や他児に興味や関心を示し，親しみや共感の表現がみられるようになった．常に「争い」を避ける傾向があり，自他共を擁護する解決方法を選択した．
D児	最初は他者と協調的に行動することがなかったが，次第に参加する機会が増えた．楽しい，うれしい等の感情を示し，場合によっては感情の共有ができた．「話し合い」の場面では，他児の意見に相槌を打ったり，他児に「自分の感じ方」を説明するようになった．
E児	初期は，他児の表情や感情への気づきはみられたものの，場の状況やタイミングが計れなかった．また，身体接触行動が多かった．「善悪」が問題解決の判断ではあるが，「文字」による状況理解はより良く，台本があると，劇中の行動の振り返りができるようになった．
F児	初期は，問題場面や人とのやり取り場面への関心の薄さ，文脈の理解の難しさが目立ち，リーダーへの一方的な質問のみが目立った．次第に，他児との「ちょっかい」のかけあい，「そうだねー」といった共感がみられるようになった．劇をみての反応は多いが，文字を書くこと，意見を文章で表すことに弱さがみられた．

○おわりに

　初期は，学生トレーナーや，「ミニ劇場」に興味関心を抱かず，笑う場面はそれぞれバラバラで，1人が大笑いをしていることもしばしばでした．

　しかし回を重ねるごとに，自らが椅子を運び，みんなで並んで座るようになりました．ある子が足をぶらつかせていると，「ぼくも，やろうっと」と同じように足をふりながら劇をみたり，トレーナーの動きや台詞を真似て，「みて！」と他児に言ったり，面白い場面で，顔を見合わせて笑ったり，「そうそう」と頷くこともみられました．

　「人との共感性が弱い」といわれることの多い子どもたちではありますが，共に楽しみ笑い合う光景を目の当たりにすると，「弱さ」でなく，人との関わりにおいて，その発生，手段，過程等に，多くの人からは受け入れられにくい"形"をもつがためだけではないのかと思えてなりません．

あえて"行動の修正・改善"を前面に出さず,「個々の違いを知り,認め方を学ぶ」ことをコンセプトとした活動を通して子ども達の行動に変化が認められたことは,社会的問題解決スキルを取り入れたこのSSTが,子ども自らの学びのスタイルの1つであることを示唆していると思われます.

D　キャリア教育で職業意識を育てよう

（活動リーダー　滋賀県教育委員会指導主事　中村佳代）

> 　発達障害児への学校現場での支援は始まりましたが，通常学級において問題行動なく過ごすことができ，学級運営に支障がなければ御の字，ということはありませんか．彼らは，着実に年を重ね，本人も保護者も将来の就労を目指して歩んでいます．特別な支援の有無に関わらず，社会人になるまでに自分の特性を知り，自分の能力を確かめ，仕事を意識し夢を描きながら生きていくことは，人として大切なことです．適切に自分を理解していれば，将来の夢とすり合わせ，自分にとって支援の必要性を認識することもできるでしょう．
> 　発達障害児にとって，「自分を客観的にみること」は意外に難しいことです．過度に自己評価が低く早々にあきらめていたり，現実的には適正のない職業を勧められ，そのままそれが自分の道と信じ込んで進路を選ぶ，ということが少なくありません．このプログラムは，発達障害児たちがキャリア教育を通して，将来の職業を意識することを目的とし，働くとは何かを知り，実際に体験させるものです．彼らの自分探しのよきプログラムとなりました．

1）活動の目的

　小学校段階の定型発達児に対するキャリア教育を基にしながら，発達障害児の特性に応じた職業体験活動に取り組みました．特に，キャリア発達の中で基礎的かつ低年齢からの育成が必要とされる，「自己理解」「職業理解」「勤労観」の3点に焦点を絞り，それらの力を育てるための体験活動を行いました．

　なお，指導目標は次の通りです．
  ・体験を通して，「自分のできること」と「できないこと」を意識する．
  ・身近な生活に関わることがらを，さまざまな視点からとらえ，将来の職業に対する興味や関心を広げる．
  ・集団の中で役割を果たし，周囲に認められることを通して，達成感や自

己有用感を感じる.

2）活動の方法
(1) 対象児，指導回数，指導時間
　参加者は，発達障害児10名です．6月から12月まで，おおよそ2週間に一度の活動を計12回行いました．1回の活動時間は，休憩時間（10分程度）も含め，約1時間30分としました．
(2) 指導体制
　中心指導者（1名）
　ティーチングアシスタント（子ども1名につき1名のアシスタント）

3）プログラムの実際
　体験活動として，下記の5つの活動を行いました．また，ハンバーガー店体験の事前学習として，教室でハンバーガー作りを行いました．これらは，実際のハンバーガー店での調理体験を経て，大学における学園祭への模擬店出店につなげることが目的です．また，職業への興味を喚起し，就労への意欲を高めるために，「私のしごと館*」へ行きました（写真1）．ポップコーンやかき氷などの，やさしい調理活動の体験を重ねることによって，難易度の高いハンバーガー作りへのハードルを下げること，役割活動を継続していくことにより，勤労観の育成を期待して行ったものです．また，制作活動の「絞り染めクロス」は，学園際の模擬店でのユニフォームとして三角巾を作り，当日に着用して連帯感を盛り上げ，一部は販売もしました．
　※「私のしごと館」：関西文化学術研究都市（京都府精華町）にあり，若者が早い時期から職業に親しめるよう，様々な職業体験や職業に関する情報を提供し，相談を行っている施設．

〈体験活動〉
① ハンバーガー店（ハンバーガーの調理）
② 私のしごと館（スーパーマーケット・レストラン・花屋他）
③ 模擬店（ハンバーガー店出店・絞り染めクロス作り・看板作り）（写真2，3）

④ 調理活動（ポップコーン・かき氷・フルーチェ・ハンバーガー）
⑤ 製作活動（絞り染めクロス・看板）
〈役割活動〉
① 調理活動（ポップコーン・かき氷・フルーチェ・ハンバーガー）
② 製作活動（絞り染めクロス・看板）
〈自己紹介〉
① セルフポスター（自己紹介で発表したことを掲示する）（写真4）
② 自分ノート（自己紹介で発表したことをノートに記入する）

4）子どもたちの変化
〈エピソード1〉
　5年男子，アスペルガー症候群の児童で，「できない」「苦手」など自己評価が低いと見られる発言が目立ちました．当初は，理由をつけて自信のないことからは逃れようとしていましたが，一度練習をして見通しをもっていた模擬店の活動では，買う人の立場を考えた発言も多く，積極的に活動できました．給料をもらうと，「お母さんには渡さない」「お菓子をいっぱい買う」

表1　体験活動

	模擬店にかかわる活動	その他の体験活動
第1回		ポップコーン作り
第2回		かき氷作り
第3回	ハンバーガー作り（教室で）	
第4回	ハンバーガー店体験（ファーストフード店で）	
第5回		私のしごと館
第6回	模擬店分担決め	フルーチェ作り
第7回	絞り染めクロス作り	
第8回	店名と値段決め・看板作り 絞り染めクロス包装（写真2）	
第9回	ハンバーガー作り	
第10回	模擬店出店（写真3）	
第11回	売り上げを給料として支給	
第12回		チョコバナナ作り

表2 第9回活動の流れ

時間	子どもの活動	準備物・留意点	観察の観点
13:00	1. 出席確認 2. あいさつをする.	【出席名簿・名札・筆記用具】	
13:05	3. 今日の予定を聞く. 4. まねっこあそび	【ビデオ・カメラ】 【予定カード】	・集中して，見たり聴いたりしていたか
13:10	休憩（エプロンをつけ，手を洗う）		
13:30	5. ハンバーガーの作り方役割を確認する．（それぞれの役割の重要性や気をつけること）	【カセットコンロ2, フライパン, へら, トング, パテ, パン, ケチャップ, マスタード, 包み紙, ふきん, トレー, てぶくろ等】 ・作り方，座り方が分かりやすいように机にカードを貼って示す.	・役割の重要性，確実性に対する発言がみられたか
13:40 13:45	6. 見本を見る. 7. （前半後半に分かれて） ①注文に応じて作る. ②注文して買う.	【お金】 ・当日の練習であることが意識できるように声をかける. ・「仕事」としての緊張感が持てるように助言をする. ・協力できたことを評価する.	・自分や友だちの役割を実行する時の様子，発言 ・活動への興味，責任を果たそうとする意欲 ・達成感を感じているか ・自己表現の仕方
14:20	8. 食べる．苦労した点などを話す．片付ける.	【ゴミ袋・ふきん】	
14:40 14:45	9. 活動を振り返る. 10. あいさつ ・次回の活動を書いた手紙を渡す.	【振り返り質問カード】 ・模擬店へ向けて意欲を高めるように声かけをする.	

と話し，満足げな表情を見せました．見通しのなさが，活動への不安感や自信のなさにつながっていましたが，いったん理解すると意欲的に活動でき，その結果，褒められたことで自信を取り戻していく経過を確認できました．学生にとったアンケートでも，「まわりの様子を見ながら，自分も活躍できることを探しているようで，それを他の人に認めて欲しくて，「〜ができた」「〜になった」等とアピールしていた．なりたい職業や食べたいものなどを自信を持って答えていた」と書かれていました．

写真1　私のしごと館での様子

写真2　絞り染めクロス包装の様子

写真3　模擬店の様子

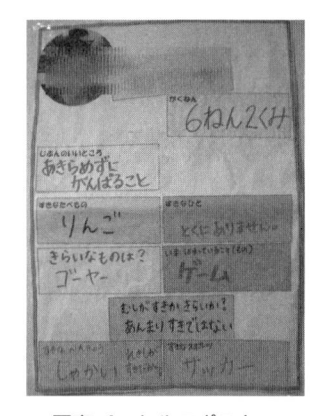

写真4　セルフポスター

〈エピソード2〉

　6年女子，アスペルガー症候群．ハンバーガー店体験では，職業という意識を持ちながら真剣に調理していました．母親の話では，後日家族でハンバーガー店に行ったとき，肉を焼く時間や調理の手順を得意げに説明したり，食べる立場ではない売る側の立場に立つ発言が聞かれたということでした．いつもは活動の感想を聞いても「まあまあかな」という発言が多いのですが，模擬店では，「今日はとても楽しかった」と活動リーダーのところへ自分から近づき話してくれました．給料の額には満足し，何に使おうかと友だちと相談したり，保護者に得意げに見せる姿が印象的でした．保護者への事後アンケートで，「働くことや様々な職業に対する興味が広がりましたか？」という質問に対して，「私のしごと館」に行って経験したフラワーアレンジメ

112　第Ⅱ部　ソーシャルスキル・トレーニング

ントや洋服のコーディネーターなどを「私ってこういうのもけっこう好き」と何度か思い出して話してくれた，という回答がありました．また，進学の時期とも重なり，将来について母親と話す機会も多くなってきます．「自分は何がやりたいか」「どんなことに向いているか」を考え，あれこれ話すことが多くなった，という答えもありました．

〈エピソード3〉

6年男子，アスペルガー症候群，LD．活動の中で「やりたい人はいますか？」という問いかけに，当初は，「やってもいいよ」という返答が多かったものの，徐々に「やりたい」という表現に変わり，積極的に前に出ることが多くなりました．一方で，「難しい」と感じることには，躊躇する場面も多くみられました．事後アンケートには，保護者が「（わが子は）仕事にしても何にしても楽な方を選んでいたと思うが，ハンバーガー屋では，お金の係りもできたし，「替わって欲しい」と言われて他の仕事にもすぐ交替することができた．わが子にとって難しいのではないかと思いこんでいた仕事も，やればできるということがわかった．先に頭で考えて決めつけるのではなく，体験活動の中で見て聞いて理解したことが良かったのではないかと思う」と答えられていました．

このような子どもの変化からも，体験活動は，発達障害児の発達上の課題としてあげられる自己肯定感の育成に対する効果が特に大きいと考えられました．体験活動を実施する際には，事前学習の持ち方を工夫し，体験に対する自発性を高めたり，課題の意識化を図ることや，子どもの能力に見合った体験内容を設定し，成功体験を重視すること．さらに，事後学習で，評価の仕方や知識の整理の仕方を工夫することなどが重要でした．具体的には，事前学習における視覚教材や疑似体験の活用，活動内容の細分化や役割分担，個別の評価等が重要です．

キャリア発達の視点からみれば，実際に体験することで，自己理解が進み，「できる」という実感を通して勤労観（役割を果たす喜び）が育まれ，職業理解についても低年齢からのいろいろな体験活動が将来の具体的な職業選択につながっていくと考えます．

E 「会議」で思いや考えを伝え合おう

（活動リーダー　元大山崎町立大山崎小学校教諭　是枝佳世）

> 　発達障害児の苦手なことのひとつとして，集団の討議で適切に自己の意見を主張することがあります．出し抜けに大きな声で意見を主張する，人の意見に耳を傾けることが困難，あるいは関心がない，自分と異なる意見が採用されると活動を拒否する，気持ちが折れてしまう，あるいは逆に，まったく自分の意見を発言できない，タイミングが遅れてしまう，などの行動です．主張が強すぎる，弱すぎる，不適切など，さまざまな課題があり，結局学級集団では少々困った存在として意見が見過ごされる，無視される，といったことが起こっています．
> 　本人たちは，周囲の子どもたちのそのような態度を不快に思い，「いじめられている」と感じるかもしれませんが，周囲も発達障害児の意見をうまくくみ上げるスキルがあるわけではありません．話をまとめるための，もっとも容易な方略なのでしょう．ここで大切なのは，その集団のリーダーが各々の子どもの意見をうまく取りあげることができるか，というスキルと心構えです．工夫に富んだ，具体的なプログラムを紹介します．

1）1年間の活動のテーマ

　全10回（平日の午後に1回90分間）にわたるSSTを行いました．参加児童は8名で，学年は1年から6年，診断名もLD，ADHD，アスペルガー症候群と多岐にわたっていました．しかし，彼らが抱えている課題には，「自分の思いどおりにならないと我慢ができない」，「友だちの表情が読み取れずトラブルになる」，「気持ちの切り替えが難しい」，「周囲の出来事や友だちの行動への気づきや関心が少ない」など，学校生活における不適応は共通しているものが多くありました．

　また，学校では，自分の意見を伝え友だちの意見を聞く，という話し合い活動が基盤となって教科学習や学級生活が繰り広げられていますが，学校生活自体に不適応を起こしている彼らが，学級で話し合い活動の中心となり活

躍している姿は想像しがたく，自分の思いや考えを十分に伝える経験が少ないと考えられます．

しかし，自分の意見や思いが伝わった経験は，自分の存在価値を確認する機会ともなり，発達障害児にとってその低下が心配されている自己肯定感への働きかけとなるでしょう．そこで，1年間のテーマとして「自分の思いや考えを伝えあう活動」としました．

2）活動計画と内容

第1回目を導入期，第2回目から第4回目までを指導期前半，第5回目から第10回目までを指導期後半としました．導入期は，児童同士の顔合わせの機会でもあり，ゲームを中心とした活動を行い，児童の行動を観察し，指導期におけるプログラム検討の機会ともなりました．一方指導期には，児童が思いや考えを交換しあう時間を「あそびっこ会議」と称し，お出かけのプログラムと，大学祭出店について話し合いました．また，自分の思いや考えを交換しあえる，すごろくを創作しました．

活動中は，児童一人ひとりに大学生がトレーナーとしてつき，共に活動しました．トレーナーの役割は，パートナーとして児童と共に活動する他，活動のモデルを示し，必要に応じて児童の「ことば」や「行動」を媒介しました．また，活動によっては，子どもと対等な構成員として意見や考えを述べたので，活動の場を活気づけ，児童がさらに幅広い意見や考えに触れる機会となりました．

なおトレーナーのルールは，以下の3点です．
- 不用意に叱責や非難をしないこと
- 肯定的，受容的な雰囲気をつくること
- 話に耳を傾けるなど，児童の気持ちを受け止めること

年間計画と，1日のスケジュールの例について，次の表に示します（表1，表2）．

3）プログラム例
- 「あそびっこ会議」

表1 「あそびっこくらぶ」の年間計画

	導入期	指導期前半			指導期後半
	第1回	第2回	第3回	第4回	第5回
	・あいさつ ・自己紹介 ・ゲーム 「大嵐」 「ゴロゴロドカン」 ・あそびっこすごろく ・つくってみよう ・おやつ ・思い出してみよう ・あいさつ	・あいさつ ・あそびっこ会議 「みんなでどこにでかけよう」 ・つくってみよう 「ひこうきつくり」 ・おやつ ・思い出してみよう ・あいさつ	・あいさつ ・ゲーム 「ばくだんゲーム」 「友達の名前をおぼえたかな」 ・自分をみつめよう ・おやつ ・思い出してみよう ・あいさつ	・あいさつ ・あそびっこ会議 「どの係になろう」 ・大陽が丘へでかけよう（プール） ・おやつ ・思い出してみよう ・あいさつ	・あいさつ ・あそびっこ会議 「コマつくり」 ・つくってみよう ・あそびっこすごろく ・おやつ ・思い出してみよう ・あいさつ

	指導期後半				
	第6回	第7回	第8回	第9回	第10回
	・あいさつ ・あそびっこ会議 「何のお店をだそう」 ・あそびっこすごろく ・おやつ ・思い出してみよう ・あいさつ	・あいさつ ・あそびっこ会議 「お店の名前を決めよう」 ・あそびっこすごろく ・おやつ ・思い出してみよう ・あいさつ	・あいさつ ・あそびっこ会議 「役割を決めよう」 ・つくってみよう「看板つくり」 ・おやつ ・思い出してみよう ・あいさつ	・あいさつ ・大学祭出店 「わたがしのお店をだそう」 「他のお店をまわろう」 ・思い出してみよう ・あいさつ	・あいさつ ・あそびっこ会議 「みんなのほうびをえらぼう」 ・自分をみつめよう ・あそびっこすごろく ・思い出してみよう ・あいさつ

表2 ある1日のスケジュール（第2回の場合）

スケジュール	内容および配慮点
1 あいさつ ・スケジュールの確認 ・約束の確認	希望した児童が号令をかけてあいさつしました．その際，他児との声のそろえ方，あいさつの言葉えらび，声の大きさや身体や顔の向きの調節などについて随時指導をしました．スケジュールについては，見通しをもって取り組めるように，模造紙に書いて掲示し，流れを視覚的にとらえるため，終了したものから赤線で消していくようにしました．全回通しての約束「話をしている人の顔を見て静かに聞く」は黄色の画用紙に書き，いつも注目しやすいように掲示しました．
2 あそびっこ会議 「何のお店をだそう」	「何のお店をだそう」をテーマに，フランクフルト・ポップコーン・わたがしの3つの案から1つに決める話し合い活動をしました．リーダーから3つの案を聞いた後，用紙に自分の考えをまとめました．そして，約束を確認した後，話し合い活動をし，話し合い時間終了時に一番多かった「わたがし」のお店に決定しました（本文参照）．
3 あそびっこすごろく	低学年2グループと高学年2グループに，学生トレーナーを構成員として加えた4グループですごろくをしました．「あそびっこカード」の欄にとまったらカードをひき，質問や指示に答えながら進めていくゴールのないすごろくです．低学年と高学年では「あそびっこカード」の内容をかえ，低学年では，自分や友達のすごいところに気づけるように，また，友達との関わりを促すように，高学年では，低学年のものに加え，自分や友達の考え方をみつめられるようなカードを用意しました（本文参照）．
4 おやつ	主に，小袋に入っているお菓子を用意しました．学生トレーナーやリーダーから，受け取る際の頼み方などについて随時指導しました．また，学生トレーナーに分けてあげるなどの他者への関心をみる時間ともしました．
5 思い出してみよう	その日の活動をふりかえる時間として，「ふりかえりカード」に記入してもらいました．内容は楽しかった活動やまた参加したいかなどを聞き，次回以降の参考にしました．

ここでの話し合いにあたっては，4つの約束
「友だちにわかりやすく発表しよう」
「友だちの意見を静かにきこう」
「反対ばかりしないでおこう」
「自分の意見に決まらなくても，がまんしよう」
を黒板に掲示しました．
　まず，リーダーがあらかじめ模造紙に書かれた3つの案を黒板に提示し，子どもたちはこの中から好きなものを選択し，磁石つきのネームプレートを

写真1 あそびっこくらぶだより

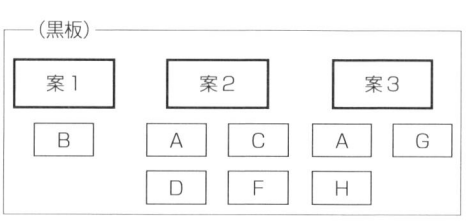

図1 ネームプレートの使い方
＊A児は，案2と案3で決めかねている状況を示す．

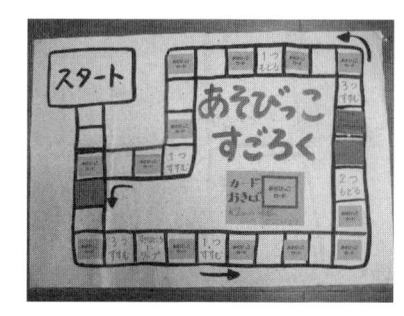

写真2 あそびっこすごろく
＊赤いカードは，児童が考えた欄

はりました（図1）．このネームプレートの利点は，自分の考えや他児の考えが視覚的にとらえられること，たとえば意見の変更はネームプレートの移動によって示され，何を選ぶか迷っていれば，2ヶ所にネームプレートをおくなど，視覚的に示されること．人前で話のできない子どもと，自己主張の強すぎる子どもの間でも，意見が等価になることでした．

また，毎回活動のまとめを「あそびっこくらぶだより」（写真1）として提示し，活動のスケジュール，目的やポイントを，その都度確認しました．

・あそびっこすごろく（写真2）

児童を4つのグループに分け，各グループに1～2名の学生トレーナーを構成員として加え，グループを編成しました．すごろくには，構成メンバーや学年に応じた内容を選定し，他者とのかかわりを指示するもの（例　となりの人の肩をたたきましょうなど），児童の得意な知識を披露できるものも（例　虫の名前を10個言いましょう），児童の考えや思いを問うもの（例　よい友だちとはどんな友だちですか）を準備しました．児童の思いや考えを

表3 「あそびっこ会議」の活動内容と配慮点

活動内容	配慮点
①3つの案を知る.	児童が興味を持てるような案を3つ用意し，それぞれの案について，写真などを用意して具体的な情報を伝え，考える材料が増えるように提案しました.
②3つの案から1つ選び，なぜそれを選んだのか理由を文章で書く.	すぐに発表するということはせず，まず，紙に考えをまとめてから発表するようにしました．その際，学生トレーナーとも相談しながら，自分の考えをまとめていけるように配慮しました.
③約束を確認する.	「友達にわかりやすく発表する」「友達の意見を静かにきく」「反対ばかりしない」「自分の意見に決まらなくてもがまんする」の4点を黒板に掲示し，常に児童の目にとまるように配慮しました.
④自分の考えを発表し，案が示されている黒板にネームプレートをはる.	自分が書いた考えを発表してから，自分が選んだ案の下にネームプレートを貼ることにしました．みんなの前で自分の考えを表現することに抵抗がある児童には，学生トレーナーの代弁やネームプレートを自ら貼るだけの参加も認めました．掲示されている約束を確認しながら，発表者の顔を見て聞けるように随時声をかけました.
⑤1つの案に絞り込めるように話し合う.	時間を決めて，最終的に多い意見の案に決定することにしました．自分の思うような結果にならないこともあるので，約束については，話し合い中も何度か注目させるようにして児童の自己コントロール力へ働きかけました.

交換することを目的としているため，ゴールは設けておらず，主体的に楽しむために，児童がリクエストした質問を取り入れたり，すごろく板に自由に欄を作るなど配慮をしました.

○子どもたちの変化

「発言・発表内容」「結果の受け止め方」「話し合いに臨む姿勢」について評価したところ，「発言・発表内容」は3名の児童に，「結果の受けとめ方」は2名に改善が見られました．「話し合いに臨む姿勢」では，1名を除いたすべての子どもで徐々に発言回数が増加しました.

ふりかえりカードに，「楽しい活動であったか」を質問したところ，自分の意見が採用されたかどうかにかかわらず4名の児童が毎回「楽しかった」，

あとの4名は,「わからない」の数回を除き「楽しかった」と答えました.ある児童は,前半では自分の意見が通らなかった回で,「楽しい時間ではなかった」と評価していましたが,後半は自分の意見が通らなくても楽しい時間だったと評価しました.また,「次回も参加したいか」の問いには,どの児童も「また参加したい」を選んでいました.

　児童用自己認知尺度（塩見ら2002）を用いて評価したところ,児童の「自己肯定感」「対人関係」に改善が見られました.

F こんなときどうする？

（活動リーダー　京都府立舞鶴養護学校特別支援教育トータルサポートセンター教諭　丸山粛）

1）1年間の活動のテーマ

ライフスキルの視点を大切に，発達障害のある思春期・青年期の児童生徒の集団に対し，ロールプレイ，ゲーム，ティータイムを通してSSTを行い，より好ましい人間関係，より望ましい社会的行動を獲得する，というテーマのもと，思春期・青年期の発達障害児に対してSSTを行いました．

配慮事項として，①成功体験を積み上げる，②肯定的・受容的な雰囲気の中で行う，③児童生徒の気持ちを受け止める，の3点に留意しました．

2）活動計画と内容

活動に参加した児童生徒は4名（小学校6年生2名，中学校1年生2名）で，いずれの児童生徒も医療機関にてアスペルガー症候群及びLD，ADHDと診断されています．表1に1年間の活動計画を示しました．

前半は好ましい友人関係を築くことに視点を当てたロールプレイ「どうしたらいいかな？」，および楽しく活動する中で対人関係スキルを学ぶためのゲームを中心とした活動を行いました．後半は人前で自分の意見を言う，役割を果たすことに視点を当てた「話し合い活動」を多く取り入れました．ティータイムは年間通して実施しました．

ティータイムは，1，2回目はおやつ

表1　1年間の活動計画

回	活動内容
1	1　自己紹介 2　グループ名を考える 3　ティータイム
2	1　「どうしたらいいかな？」 2　ゲーム 3　ティータイム
3	1　「どうしたらいいかな？」 2　ゲーム 3　ティータイム
4	1　「どうしたらいいかな？」 2　話し合い活動 3　ティータイム
5	校外学習
6	1　話し合い活動 2　ティータイム
7	大学祭に向けての準備
8	大学祭当日
9	1　「どうしたらいいかな？」 2　ゲーム 3　ティータイム
10	お別れ会

写真1　ティータイム
　　　（おやつを購入して談笑）

写真2　リハーサル場面

表2　ロールプレイで取り上げた場面

>「学校帰りに友だちからゲームセンターに誘われる」
>「学級の中で文化祭における役割を決める」
>「友だちから借りていたゲームを傷つけてしまう」
>「自分が静かに読書をしたい時に周囲が騒がしい」

を配布して食べていましたが，3回目以降，金銭の管理や施設の利用等のライフスキルを意識して，大学購買部で好きなおやつの購入，大学内喫茶店での自由会話等を取り入れました（写真1）．

「どうしたらいいかな？」は，適切な対人関係のスキルを学ぶために，学校生活において起こりうるであろう場面を取り上げ，ロールプレイを行いました．その手順は，インストラクション→モデリング→リハーサル→フィードバック→ホームワークの順に行いました（写真2）．設定として取り上げた場面を表2に示します

ゲームでは，「友だちと適切に関わる」ことをねらいとして，話し合う，人の動きに合わせる，身体接触をする等のゲームを選択して取り組んでみました．取り組んだゲームとしては「聖徳太子ゲーム」「人間知恵の輪」「震源地は誰だ」「ジェスチャーゲーム」「ボール運び」等です．

話し合い活動では，「校外学習（5回目）に行きたいところ」について，複数の選択肢から自分たちで行き先を考え，この話し合いをもとに5回目には1日かけて校外へ出かけました．ここではライフスキル「生活関連システム理解スキル」「交通システム理解スキル」「マナースキル」「金銭管理スキル」「時間管理スキル」「身辺管理スキル」「趣味・娯楽スキル」等を意識し

表3　1日のスケジュール（例）

13:00	大学プレイルームに集合	
13:10	あいさつ	
	今日の予定・めあて	・良い方法を考えよう ・友だちと仲良くゲームをしよう
13:15	リラックス	簡単に身体を動かすことでリラックスする
13:20	ホームワーク確認	
	ロールプレイ	インストラクション→モデリング→リハーサル →フィードバック
13:50	ゲーム	
	ティータイム	大学購買部へ移動
14:05		
	振り返り	和やかな雰囲気の中で，今日の取組を振り返る
14:15		

たプログラムとしました．

　6回目は，発達障害児の小学校グループと合同で，大学祭についての話し合いを行い，これをもとに，小学生グループと合同で大学祭において模擬店を開きました．ある一日の活動の流れを，表3に示します．

3）児童生徒の変化

　ビデオ記録，自己評定，学生トレーナー評定，在籍する学校の担任評定，保護者評定等によって，多面的に子どもたちの変化をとらえました．

　取組を始めた頃，乏しい表情で室内に入り，「別に」「どうでもいい」と積極性に欠ける発言の目立つ子ども，落ち着かずウロウロする子ども，思いついたことを言葉にするため友だちとトラブルになる子ども，褒めてもらいたい気持ちが強い子ども等，その様子は多彩でまとまりに欠けていました．

　1回目に，グループ名を決める際は，思い思いに発言するため意見が一向にまとまらず，大学生がうまくモデルを提示するなかで，ようやくグループ名を決めることができました．

　2回目以降のロールプレイは，思春期という年齢からか，リハーサルを人前ですることには抵抗を示す児童生徒がほとんどでした．しかし，受容的な雰囲気の中で回を重ねる毎に，リハーサルができる，人前には出なくとも自分の気持ちをワークシートに記入する，ワークシートを読むことで自分の考えを発表する，大学生に代弁してもらう等，個々に段階を踏んで，自分にあ

写真3 「次の問題何にする?」と相談中

表4 保護者へのアンケート自由記述より

お子様について,この1年で成長した点は? ・自分の特徴を客観的に理解し始めている ・気の合う友だちが何人かできた ・相手により関わる距離を変えることができるようになった ・自分の考えを発言できるようになった
1年間の取組に対しての感想等 ・思春期になり,親の見ていないところで他の人たちとのコミュニケーションの場があることは子どもにとってとても良い ・SSTや与えられた役割に対して責任を持って果たすという経験ができたことが良かった ・司会,記録の役割を果たす等,今までの姿勢とは違う様子がでてきた

ったやり方で参加が可能となりました．ホームワークは,最初は誰もやってこなかったものの,毎回確認を繰り返すうちに「やってきたけど,これでいい?」と次第にやってくる子どもがみられました．

　ゲームは,全員楽しく取り組みました．特に,「聖徳太子ゲーム(3文字の単語,例えば「リンゴ」を3人1文字ずつ一斉に大声で言い,聞いている者が何という単語かを当てる)」を大学生が出題したところ,「僕らにも問題を出させて」と自分たちから積極的に参加してきました．和やかな雰囲気の中,学生の力を借りず,自分たちだけで問題を相談する場面もありました(写真3)．

　保護者による,子どもの様子とその変化についてのアンケート結果を示します(表4)．

(4) 民間支援のプログラム

G 京都 YMCA のサポートプログラム

（活動リーダー　京都 YMCA 発達障がい児サポートプログラム　中村彰利）

○年間テーマ・活動計画

　子どもたちへの継続的な関わりを通して，子ども一人ひとりの成長を長期的に見守ること．子どもからのニーズ，保護者からのニーズを把握し，それに応えることのできるプログラム作りをテーマに掲げています．また，関わるボランティアスタッフ（以下，スタッフ）と保護者が連携しながら子どもの成長をサポートすることもねらいとしています．

　具体的には，スタッフと家族との信頼関係作りを意図して解散時に意見交換の時間をとり，家族も共に参加できるファミリープログラムとして，積極的にコミュニケーションが取れる機会を設定しています．

　長期の関わりを目的としていることから，2008年度は，半年間は連続参加を前提（前半4回，後半3回）とした募集形式をとりました．また，活動については，基本的にはデイキャンプとして実施していますが，前半と後半に1回ずつ1泊2日の宿泊プログラムを計画し，共に生活することを通した関わりの機会を作っています．

○プログラムの内容

　計画時に，プログラム当日の季節を取り入れ，子どもたちが季節を感じることの出来るプログラムづくりを心がけています．また，普段はYMCAの施設（リトリートセンター）を利用するプログラム作りが主であり，基本的に施設を貸し切ってのプログラムとなるため，第三者がいない環境でプログラムが行いやすいことが利点です．ただし，道で出会った人との挨拶などのコミュニケーションや関わりといった社会的スキルについての学びの機会を設けにくいことが懸念されるため，半年に一度は行き先を変え，公共施設や公園へのハイキング・山登りのプログラムを行っています．

　リトリートセンターでの活動の基本的な流れとしては，到着したら旗揚げ

をし，その次にゲーム等をして全員で遊ぶ事から始め，その後にグループ活動へと移行していきます．昼食では全体で「いただきます」をしますが，グループごとにまとまり，その流れで昼食後もしばらくグループで時間を過ごしてもらいます．午後はそのままグループで活動するか全体で活動するかして，最後に旗下げをして帰途につきます．次に，2008年度各回のプログラムについて紹介します．

・1回目（6月）：旗作り
　午前中は自分の名札を作る個人作業，午後はグループで1枚の旗をデザインするグループ作業を行いました．個人作業はそれぞれが自分のペースで取り組めるので，基本的に難なくこなせてはいましたが，午後のグループでの取り組みでは，絵の具や筆の取り合い，デザインする上での意見のぶつかり合いが生じていました．
　まずは，グループの子どもたちとリーダーの関係作りからはじめ，全体では20名の子どもたちだが，関わりを出来るだけグループ内に留め，まずはグループ内での関わりを中心に行いました．

・2回目（8月）：川遊び，野外炊事
　子どもたちは午後からの川遊びがとても楽しみで，午前中の全体でのゲームもどこかわくわくしながら楽しそうに参加している様子でした．
　川遊びでは，着替えをする前に，着替えた後の服やタオルを入れるビニール袋を用意し，そこに名前を書いておきます．名前が書いてあると，カウンセラーでもスタッフでも誰でも探すことができ，何より本人が自分で探すこともできます．
　川遊びのあとは，夕食のカレー作りのための食材獲得を目的としたグループごとの宝探しゲームをしました．カレー作りは，食材の皮むき，切る，炒める，煮込むまでの作業を低学年グループと高学年グループで作業を分けて行いました．じゃがいもの皮むきはあらかじめ大人が行いましたが，人参は剝きやすいのでもつ側の手を軍手で保護し，皮むき器でカウンセラーと一緒に剝きました．

・3回目（10月）：公共の乗り物と施設を利用

　この日の一番の課題は，最寄りの駅から公園に向かうのに利用するバスが，地方の小さなコミュニティバスしかなく，20名の子ども全員が座ることすらできないこと．また，他のお客さんの人数によってはとても窮屈な思いをすることでした．乗車時間は15分〜20分．行きはみんな体力もあり，お客さんも比較的少ないので大丈夫でしたが，帰りが大変でした．座れないことで落ち着きが保てず，しかもお客さんも多かったことから窮屈な思いをして「次降ります」ボタンを連打するアクシデントが発生しました．

　公園には大きなアスレチック遊具のゾーンがあり，そこでは，カウンセラーは基本的に担当している子どもを中心に見守りますが，あくまでも個々が自由に遊べる時間としました．スタッフは広範囲を見渡せるような場所に配置し，そのエリアから出ていかないように見守る役目としました．また，友達と一緒に遊ぶ子，1人で遊ぶ子など，個々の時間に子どもたちがどのように遊んで過ごすのか，観察する機会として非常に有意義でした．

・4回目（11月）：国際理解，街頭募金活動

　午後からの街頭募金を行う前に，集められた募金が何のために使われるのかを知ってもらうこと，また，このことにより，募金活動時に募金箱に投じられたお金は，たとえ1円でも大切であることを感じてもらうことを目的とした国際理解プログラムを行いました．

　スタッフが作成した紙芝居で世界の特に貧困な地域での暮らしがあることを知ってもらい，その後は独自の通貨で世界4ヶ国をめぐるお買い物ツアーゲームをしました．4ヶ国には，特徴的な先進国，発展途上国が2ヶ国ずつ入っています．各グループは，与えられたお金で，入手しなければならない物品をどれだけ沢山ゲットできるかを計算して買い物しながら各国を回るというゲームです．子どもたちは，同じ商品でも国によって価格が異なり買える量が違うので，時にはグループで作戦会議もつなどしました．みんな買い物の計算はとても早いことがわかりました．

・5回目（12月）：クリスマス，ファミリープログラム

　2日目に家族を迎えてのクリスマスパーティーをすべく，1日目はその準

備の日という位置づけで，飾り付けを作ったり，グループごとに家族に向けて披露するクリスマスソングを練習したりしました．普段は各担当カウンセラーや全体で進めるスタッフからの呼びかけに基づいて活動する子どもたちですが，この2日間は，サンタとトナカイ（に扮したスタッフ）が所々でメッセンジャーとして登場し，子どもたちにしてほしいことを伝えては去っていきます．サンタやトナカイは，子どもたちが「人に喜んでもらうために歌うこと」を丁寧に伝え，喜んでもらう人が自分の良く知っている大好きな家族ならばと，子どもたちも一生懸命に練習に取り組むことができたと思います．子どもたちは，サンタやトナカイが出てくるのを楽しみにしながら過ごしていました．

　配慮したことは，都合が悪くて家族が来られない子どもへのケアです．その子どもたちへは，カウンセラーからあらかじめ，「……くんが一生懸命に頑張っている姿は，必ずリーダーがお父さん，お母さんに伝えるからね！」と伝え，寂しくならないようケアしました．

　ファミリープログラムの目的としては，ご家族に日頃の活動の様子を見ていただくことと，私以外のスタッフが保護者との交流の機会を持ち，その後の信頼関係を築く道筋をつけること，家族同士が知り合うことでした．午前中は，子どもたちとは別の場所でスタッフと家族間との交流会を開きました．「なぜこの活動に参加させたのか」などの話題を設定し，小グループに分かれてそれぞれ意見交換する場を設けました．昼食は子どもたちと一緒にいただき，その流れで午後からは子どもたちがセッティングしたクリスマスパーティーの時間としました．

・6回目（2月）：山登り，ポイントラリー

　非常に寒い冬の大文字山を登る企画でした．登りと下りでは異なる道となるルート設定をしたのですが，この点についての活動前に予測した長所短所として，まず長所は，下りも飽きずに歩ける（今まで来た道を戻るのかぁとならない）こと．短所としては，下りがどんな道なのか分からないので，見通しがたてにくく，疲れのためにいらいらし始める子がいるのではということと．

　結果は，長所は予想した通りでした．短所については，あらかじめ地図を

見せるようにし，今，どのあたりを進んでいるのかを伝えることで解消されました．また，下りなので，そもそもそんなに不安も不満も感じずに歩いていたように思います．「いつまでこのしんどさが続くのか」がポイントのようでした．

　登山プログラムの特徴として，しんどそうなことや辛そうなことが予測できる活動には正直に拒否し，取り組まない性質を持つ彼らでも，登り始めたらもう後戻りできないことから，諦めて突き進むしかないと気持ちを切り替えざるを得なかったことにあると感じています．また，少人数でありながらもグループで歩を進めることを前提としていますから，グループ内でも登る／歩くペースが異なります．つまり，（自分より）遅い子に対してイライラし始める子が出てきます．関わるカウンセラーにとってはこれがとても大変な作業ですが，この時のグループ間の調整がグループ内での他者への存在認識へとつながっていると思います．

　楽しく取り組んでもらう工夫として，登り降りを通して要所要所にポイントを設定し，ポイントごとに用意される課題をクリアして進むポイントラリー形式を取り入れています．また，グループの子ども同士が協力できるようになることを意図として，1人では解決できないような課題を設定したりもします．何より山登りですから，子どもたちもカウンセラーも，頂上に登った時に味わえる達成感がご褒美となります．

　企画時に配慮したのは，だらだらしがちな下りにゲームポイントを多めに設定し，帰りも集中して歩かせること．このことで，疲れた時に起こりやすい事故やケガへのリスクが緩和できます．また，心配なこととしては，山登りではどうしてもトイレの少なさが挙げられますので，各グループカウンセラーが持つグッズとして救急セットにプラスして携帯用トイレを持たせました．

京都YMCA発達障害児サポートプログラム

2008年度 2月プログラム計画書

テーマ	登山に挑戦しよう		
プログラム	・電車に乗る ・グループごとに大文字山を登り，出町柳まで歩く ・ポイントラリーをし，様々な課題に挑戦する		[ねらい] 公共→進んであいさつをする。公共のルールを知り，守る。 グループ→グループ内の連携を高めるために，協力・助け合いをする。 自然→植物などを通して冬山を感じ，自然について考えてみる。ゴミ拾いなどができるとさらに良い。
日時		2009年2月8日（日）午前9時00分～午後4時30分
場所	蹴上～大文字山～銀閣寺～出町柳		[連絡先] 電話：0774-24-×××× FAX：
行程	三条京阪→大文字山→出町柳→三条YMCA	持ち物	お弁当／温かいお茶　帽子／タオル
集合	参加者→午前9時00分		筆記用具　敷物
	指導者→午前7時45分		ハンカチ・ティッシュ　軍手（手袋）
解散	参加者→午前4時30時		常備薬　雨具
	指導者→MT終了後	対象	小学生1年～6年の男女17名

指導者体制	[スタッフ] 中村彰利（京都Y）	〔参加リーダー〕（ニックネーム） ・デジ　　　・コム ・チョップ　・ハイジ ・かうち　　・さゆっぺ ・チョイポ　・ポン ・うめたん　・まろ ・ナッツ　　・みの ・がはく　　・レラ ・ガーコ　　・みー

指導者組織

```
        プログラムディレクター
         あっきー（中村）
              │
        プログラムコーディネーター
         あっきー（中村）
              │
    ┌─────────┴─────────┐
プログラムスタッフ      グループスタッフ
    │         │         │         │
   青        赤        黄        緑
```

グループ体制	子どもの氏名	デジ&ガーコ	子どもの氏名	うめたん&ナッツ	子どもの氏名	かうち&チョイポ	子どもの氏名	チョップ&がはく
	A子		A介		A伍		A太	
	B美		B平		B郎		B輔	
	C子		C朗		C一		C実	
	D奈		D吉		D也		D治	

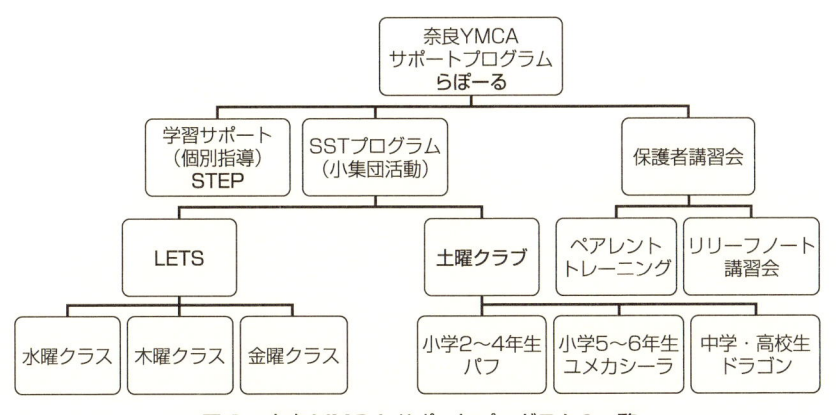

H 奈良YMCAサポートプログラム

（活動リーダー　奈良YMCA発達障がい児サポートプログラム　金山好美）

　「また友達と喧嘩した！」「ぼく、やりたくない！」や、お友達や親しい人に暴言を吐いたり、みんなと一緒に遊ぶのを嫌がる子ども達…いわゆる発達障害の特性を持っている子ども達ですが、本当に友達と仲良くしたり一緒に遊ぶのは嫌なのでしょうか？　実は、誰よりも仲良くすることを強く望んでいるに違いないと思います。一人ひとりの子どもが自分らしく「楽しい！」と「今」感じる事が出来れば、自分の力で進んでいくことができる…と言うことを信じて、奈良YMCAではSSTを行っています。「自分の力で出来た！」「友達と遊んで楽しかった！」という実感を持つための環境作りをポイントにプログラム展開しています。

1）奈良YMCAでのSSTプログラム

　発達障害を持つ子ども達へのサポートプログラムとして、認知の特性に合わせて学習をサポートする「STEP（学習サポート）」、基礎的な社会性スキル獲得を目指す「LETS」、応用的な社会性スキルを目指す「土曜クラブ」があります。奈良YMCAサポートプログラムは応用行動分析学の考え方に基づいて考えていますが、「指導を受ける子どもたち⇔子どもたちと関わる

図1　奈良YMCAサポートプログラムの一覧

指導者⇔子どもたちによりよい環境を提供する組織（YMCA）」の三者がお互いによりよい関係でいることができる環境設定を目指しています．関係性における好循環のモデルを保護者とも共有するために，ペアレントトレーニングや保護者が学校の先生と連携をうまく図るための保護者向け講習会を実施しています．

2）「友だちと関わることは楽しいと感じてみよう！」LETSクラス

　LETSクラスは，3回／月，50分，4〜6名の小集団での活動です．指導者は2名でプログラムを行い，進行役・子どもたちのモデル＋サポート役に分かれます．

　「一緒に遊んでいると喧嘩になってしまう」「いつの間にか集団から外れている」等の行動の特性がある子どもたちが，「楽しい！」「できた！」「仲良くなった！」という実感を持つには，単に「あいさつ」や「友達との関わり方」「話を聞く」などの基本的な行動を，「〜しなければならない」という一般的な価値観の中で進めるだけでは非常に難しいのです．子どもたちが自然に「あいさつをしたい」「話を聞きたい」と感じて行動していくことが重要です．

　本来持っている子どもの能力を引き出すためには，「良い行動ができない」という視点ではなく，「良い行動を知らない」という発想から考えます．適切な行動を知ることができ，行動したことで褒められ，子どもにとって「お得だった」と感じ取れることを形成していきます．そのために，クラスの開

表1　LETSクラスのタイムスケジュールと目標

タイムスケジュール		プログラムの目標行動
0：05	フリータイム 始めの挨拶 目標の提示	⇒興味・人との関わりのアセスメント ⇒行動のコントロールができる． ⇒楽しむ中で「できた！」を感じる．
0：15	プログラム①	◎プログラムの段階を理解する．
0：30	プログラム②	◎問題点を解決する． ◎人との関わりを楽しむ． ⇒自分自身を認めることができる．
0：45	ふりかえり 帰りの挨拶	

始直後に「目標行動の提示」を行い，指導者がクラス中にしてほしい行動を具体的に示します．例えば，「しっかり話を聞きましょう」であれば，誰もがわかる具体的な行動として，①話を聞く時は，座って足を床につける，②話を聞く時は，話をしている人の方に体を向ける，③話を聞く時はおしゃべりをしない，④わからない時は，話が終ってから手を挙げて聞く等，「しっかりと…」という抽象的で子どもたちが捉えにくい部分を変換して教示します．

教材となるプログラムには，友だちとのやり取りが成立できるような協力ゲームを用いています．ゲームを通して友だちとの直接的な関わり方が成功するために，プログラムを説明する際には，①取組みの順番を継次化する（課題分析），②説明は聴覚教示と視覚教示の両方を提示する．プログラムを実施するまでには，「説明→モデリング→リハーサル→修正→本番」の段階を経て取組み，自信を育みます．また，実施している際，出来たことに対しては即時に言語賞賛し，子どもが「自分が今している行動はOKなんだ！」と思ったことを確かなものにしていきます．

3）「できた！と感じて自信を持とう」土曜クラブ

土曜クラブは，1回／月，9：00～16：00，小学2～4年生の「パフ」，小学5～6年生「ユメカシーラ」，中高生「ドラゴン」のクラブに分かれて活動しています．「パフ」では，基本的な社会性スキルを獲得するために成功体験を積み上げる，また失敗経験から学ぶ機会を持ち，自発的に活動する楽しさを感じることを目的としています．「ユメカシーラ」は，基本的な社会的スキルの獲得と共に，思春期に向けての人との距離感や対人関係の理解を増やしていくことを目的としています．「ドラゴン」は，社会に対して自発的に関わっていくための支援と共に，自己理解・他者理解（特に，異性との関わり方）を深めることを目的としています．また，年齢が上がるに従って余暇活動の視野を広げる機会を設けています．

①土曜クラブ「パフ（2～4年生）」の活動

小学低学年の子ども達の特性として，衝動性が高く，「やりたい！」と思ったことをすぐに行動していまい，集団から逸脱してしまう傾向が強く見られます．土曜クラブ「パフ」では，そのような行動の特性を持った子ども達

に対して，行動をコントロールする能力を高め，成功経験を積み重ねられるような活動に取り組んでいます．衝動的な行動になる前に「次はどうしたらいいか？」ということを落ち着いて理解する時間をとり，活動した後は自分の行動を振りかえる機会を設けています．失敗や叱責を受けてきたことが多い子どもたちが，自信を高め，例え失敗してしまったとしても具体的な対応方法を知ることで，「失敗するぼくが全部悪いのではなく，失敗を直せばいいんだ！」と思うことが，次への活動への意欲に繋がるのを支援していきます．

②1年間の活動

土曜クラブのプログラムは，1年間何をするというのが年度スタート時点で決まっているわけではありません．4月は緊張度が高い中での参加ということもあり，アイスブレイク（緊張をほぐす）や自分に挑戦するプログラムを通して，子ども達の対人関係や特性を捉えていきます．行動から見たアセスメント（評価）によって，対人関係における課題や目標を設定し，前月のプログラムの反省会（プログラム終了の事後ミーティング）において次回のプログラムを決定します．

普段の生活では「○○が皆のように出来ない」「いくら言ってもわからない」と思われている子どもたちが，「出来ないと思っていたことが出来た！」という実感を持つ機会が必要です．「出来ないから…」といって，年齢よりも幼いプログラムをする必要はなく，子ども達のプライドを大切にし，年令相応のチャレンジが出来るために，確実に全員ができる時間配分にすることを考えていきます．一度成功すれば，それぞれの子どもが自分流に学習し，次への活動への自信になります．

③子どもたちへの介入

1回が約6～7時間の中で，年間プログラムで挙げたメインプログラムと，それを支えるシステム的プログラムがあります．

・取り組む前に見通しを持たせる→タイムスケジュールの送付

不安が高く，見通しが持ちにくい特性に対して，参加することを楽しみにするために，1日のタイムスケジュールを対象児に事前に郵送しておきます

表2　土曜クラブ「パフ」の年間プログラム（200X年）

	テーマ	プログラム	ねらい
4月	新しいお友達と仲よくなろう	自己紹介 おにぎり作り	友達や指導者の名前を覚え，対人関係の意識を広げる．
5月	自然の中でお友達と遊ぼう	電車・バスでの移動 自然OL	電車・バスを利用システムを知る． 公共交通機関でのマナーを理解する．
6月	ドリーム21で遊ぼう	体育館遊び プラネタリウム	共有施設での他の利用者との関わりや社会的ルールの理解を深める．
7月	ピックリパン作り	バスでの移動 野外自炊	目標に向けての理解・準備・役割・片付けの一連性を理解する．
9月	川遊びで最後の夏を楽しもう	電車での移動 川遊び	見通しを持って取り組むことができる． 安全面を具体的に理解し，意識して行動する．
10月	ルールを覚えて守ってバレーボール大会	風船バレーボール 昼食の買い物	より良い行動をしていく楽しさを知る． 買い物のシステム（金銭のやり取り・交渉）の理解を深めていく．
11月	かいじゅうフェスティバル	商品の販売 お小遣いの管理	自分の役割を最後まで取り組む． 金銭の価値や管理方法を知る．
12月	みんなで作るクリスマス会	買い物計画 クリスマス会	必要な物を具体化（個数・買う所・金額など）して，計画を立てる． 自発的に取組む楽しさを知る．
2月	ウィンターキャンプ62	そり遊び　雪遊び 生活活動	異年齢の関わりの中で，新しい関係性を作る楽しさを知る． 自分の体を守ることを知る．
3月	自分の「ごほうび」を買いに行こう	買い物 おわかれ会	1年間の頑張りを実感し，次へのモチベーションとして繋げていく． 買い物の手順やマナーを理解する．

（図2）．あらかじめ，どんなことをするのか，何に気をつけたらいいのか…ということを知っておくことで，「気持ちを作る」と同時に，セルフコントロールの能力をつけることにも繋がります．

・聴覚教示＋視覚教示→説明と「しおり」の提示
　説明を理解する場合は「聞く」が一般的ですが，聴覚的に情報を理解することが苦手な子どもにとっては，かえって集中力を欠如させることに繋がっているとも考えられます．そのような場合を考慮し，聴覚教示と並行して，タイムスケジュールや活動中の約束，取り組み方法を載せた「しおり」を見

図2 タイムスケジュール一例

	プログラム	注意事項（気をつけること）	こんな感じ…
9:00	YMCA しゅうごう	● YMCAのロビーに きて下さい。 ● 今日いっしょに活動するリーダーを紹介します。	
	朝のつどい	● リーダーに【例会費】【連絡帳】をわたしましょう！ ● [きょうの約束][タイムスケジュール]をかくにんします。	
9:30 10:05 10:45	YMCA 出発 西大寺駅前 発 歌姫町 とう着 野外センター とう着	*トイレに行っておきましょう ● バスにのります(バス代100円) *バスの中では、マナーを守りましょう。 ● [歌姫町バス停]から歩いて15分です。	
11:00	野外自炊の説明 火つけ サラダ作り	● 包丁・ナタ・マッチの使い方を しっかり聞いておきましょう！ ● もってきた[レトルトカレー]をなべにいれて、グツグツします。 ● グツグツしている間に、みんなで[スペシャルサラダ バイキング]を作りましょう。	
12:30	おひるごはん	みんなで「いただきま～す！」	
1:15	あとかたづけ	● もってきた食器は、ティッシュで拭きます。使った道具を洗いましょう。	
1:50	みんなで遊ぼう！	● 楽しいゲームをするよ！	
2:20 2:50	野外センター 発 歌姫町 発 西大寺駅 とう着 YMCA とう着	*トイレに行っておきましょう！ ● 帰りもバスのマナーを守りましょう！ *暑くて、のどがかわいた人は、ジュースをかってもいいですよ！	
3:15	おわりのつどい	● やくそくがまもれたかな？守れた人は「ごほうびシール」がもらえます	
3:45	解散	さようなら！ **こんどは、6月14日に会いましょう！**	

せて，視覚的にも理解できるように教示をします．

・取り組み方を継次的に考える→プログラムの課題分析

　指導者は，これから行うプログラムは，何が面白いのか，どこで失敗しそうなのか…という点を，事前に予測しておかなければいけません．そのため

には，プログラムの進め方を継次的に整理しておく必要があります．沢山のことを同時にしなければならず，優先順位をつけて順にこなしていくことや，役割を決めて並行することの効率性を，子どもたちが理解した上で行えるように，準備をしておく必要があります．

・褒める環境づくり

子どもたちは，自分が失敗することを誰よりも恐れています．しかし，指導者側から見れば，失敗は子どもの行動の特性を表わしているとも，ヒントとも考えられます．「次は事前に○○を言っておこう」や「○○の時は△△する」という具体的な方法を提示することで，次は褒める機会を指導者が作り出すことができます．

4）SSTをプログラムする指導者として…
① 「楽しい」から獲得できる社会性

YMCAへ来る子どものほとんどは，学校生活の中で不適応行動が見られ，保護者がどうしたらいいのか，どんな教育をしたらいいのか…と思いつめてくるケースが多くあります．「この子は特別なのではないか…」と思う保護者に，子ども達が終わった後に笑顔で「楽しかった！」と保護者のところに帰って行くことが，指導者としての役割だと思います．

自閉性が強く，叱責経験により悲観的な自己を作り上げ，暴言・暴力で自己防衛している子どももやってきます．何とかして，緊張や張りつめた思いを和らげ，リラックスして等身大の自分を出してほしい…と思って，プログラムを進めていきまが，中には「ぼくはアホやから，賢くなるためにここに来なければあかんねん」と言っている子どももいます．「～しなければいけない」という状況が何より苦手でプレッシャーに弱い子どもたちが，既にマイナスの自分をゼロの状態にしなければいけない環境に置かれていると感じると，形ばかりの社会性で，自分が積極的に関わっていこうとする「自分を活かすための社会性」に繋がりにくいのではないでしょうか？

子どもにとっては，「YMCAに行くと楽しいし，いっぱい得することを教えてくれる」という視点から，楽しさを自発的に関わることで，自然に社会性を獲得して行くことが日常生活に般化していくのだと考えています．

②「ユーモア」から生まれる「あいだ」

「褒める環境づくり」を目指していても，コミュニケーションが弱く，場を読むことが苦手な子どもたちを，1回も叱らずにいれるというのは，とても難しいことです．しかし，指導者の中には「研修会で"褒めましょう"といっていたから叱りませんでした」といったり，すぐにキレてしまう子どもの行動に怯んでしまい「叱れなかった」ということがあります．叱責経験が多い子どもたちにとって，「叱られる・怒られる」という事は，「ぼくの〇〇が悪かったから叱られた」というよりは，「ぼくはダメなんだ！」と自分のすべてを否定されたように感じている捉え方をしているからです．「どうして〇〇をしてないの！」と1つのことを注意しただけでも，叱られている内容の理解や注意をしている人と同じ視点から見ることが出来ない時は，「叱られた…」という枠の中でしか考えにくく，自尊感情を下げてしまうきっかけになってしまいます．

指導者が叱らなければいけない場面では，「きみはいい子なんだけど，〇〇の時に△△したことが残念やわ！」と，かならず伝えておく必要があると思います．それと同時に叱る内容をユーモアに変えることは非常に効果的です．例えば，悪いことをしたら嘘をついたり認めようとしない子どもに対して，指導者が「嘘をついている人はだんだん口が笑ってくるねんで…あ！笑った！」と言った時，子どもと指導者の間には，悪いことを認めた上での笑いが生まれます．子どもにとっては「すいません…」であり，指導者にとっては「やっぱりなぁ．次から気をつけてね」という笑いです．「良い／悪い」の両極に陥りやすい子ども達にとって，関係性の中にユーモアを作っていくことは「あいだ」を作っていくことであり，「悪いことをしても許してもらえるから，次は気をつけよう！」という気持ちを作り出すことに繋がっていると感じます．

③SSTの指導者となりわかった「子ども観」

子どもたちの認知的な捉え方や感じ方の違いに対しての支援・援助を取り入れたサポートプログラムを通して感じたことは，「子どもは，みんな子どもである！」ということです．「わかった！」「できた！」と感じた子どもたちは，皆と活動することの楽しさを知り，自発的に「やってみよう！」と変

化していきます．YMCA では「失敗は成功のもと」とよく子どもたちとも言っていますが，失敗は誰にでもあることで，それは発達障害であるからではありません．勘違いの仕方は特性的ですが，皆が同じ勘違いをするわけでもなく，発達障害のある子どもたちの勘違いも個性的だといえるのではないでしょうか？

　子どもたちには，それぞれに個人に与えられた能力があります．特に，「LD」や「ADHD」や「アスペルガー」等のネーミングがついた子どもたちにも，ネーミングで見えなくなっている力がたくさんあります．特性に対する支援や援助は確かに必要ですが，子どもたちの力を信じて，自分が出来ること・生きていくことの楽しさを感じ，手にしていける子どもに育ってほしいと願っています．

　YMCA に来る子どもたちには，一人ひとりからたくさんのことを教えてもらいます．その中でも，サポートプログラムをする上で教訓となることばを言ってくれた子がいます．ADHD で勝敗にもこだわり，すぐにキレてしまい，暴力・暴言が多い A 君が，「友達と一緒に遊ぼう」とドッチボールやサッカーのプログラムをしていた時のことです．運動神経のいい A 君は，やりたい気持ちがあるのですが，どうしても勝敗にこだわり，負けたり，やらさせている状況になると，暴力や逸脱行動を繰り返していました．見るに見かねた指導者が「みんなと楽しく遊びたくないの？」と聞くと，A 君は「遊びたいけど，おれの堪忍袋は紙より薄いねん！」と答えました．堪忍袋はみんななかなか破れないように出来ている…という自分自身の価値観に気付き，A 君に申し訳なかったと思いました．堪忍袋は紙であるけど，友達と遊ぶ環境を作らないといけないと感じました．

　子どもの特性や，「今」できていることを「よし！」とするところから，SST プログラムは作られていくのだと思います．指導者としての知識を持ち合わせると同時に，子どもの目線から「ともに楽しい」を基盤にした時間，叱ったとしても「きみのことは信用しているから！」というメッセージを忘れずに接して行くことが，自然な社会性を育んでいくことだと信じて，関わりを楽しんでいきたいと思います．

3 活動リーダーの「ここだけの話」

　幼児編から中学生編の活動は，現場の教師がリーダーとなりました．それぞれが，特別支援学校や特別支援学級担任の経験があるベテランでした．しかし，彼らの多くは発達障害児とのかかわりは初めての者が大半であり，子どもたちの反応に戸惑い，手探りの中でスタートしていきます．ここでは，活動リーダーに１年間の活動を通して経験した，戸惑い，苦労，効果のあった工夫，効果がなかった対応，自分自身に生まれた変化について語っていただきました．本音のつぶやきを，ご参考までに．

(1) SSTのリーダーとなって，戸惑ったこと・苦労話

○初回の活動で，私はゲームを始めようと右手を挙げ，「みなさん，前に出てきてココを先頭に，一列に並んで下さい」と"前へならえ"の身振りをしました．すると，
　「ココっていったいどこなのよ．ココっていうだけじゃわかんないわよ！」
　「どこを向いて並ぶの？」
　「並ぶって，立つの？　座るの？」
　「どうして並ばないといけないの？　せっかく椅子に座ってるのに」
　と，口々にしゃべる子どもたち．戸惑いを通り越し，驚いてしまいました．しかし，リーダーが驚いていては何も進みません．「そうか，そうくるか」と，気持ちをたてなおし，床にチョークで丸を描き，
　「Aさん，この丸の中に，私に向かって立って下さい」
　「Bさんは，２番目の丸に，Aさんの頭の後ろを見て，立って下さい」と，一人ひとりに具体的にわかりやすく指示を出しました．これでいけると思いきや，
　「あなたに向かってって，身体を？　顔を？」
　「勝手に決められるのっていや」
　「何で，丸の中に立つの？」またもや質問攻め．
　初対面でも「リーダー」と呼ばれる人の指示をすぐ聞けること．「ここに並んで」の「ここ」がわかること．主語や目的語等の細かな説明なしに，行

動できること．これらができて当然という思い込みの上に活動計画を立てていたことを悟り，従来の特別支援の方法では到底立ち行かない教育ニーズをもつ子どもであることを痛感しました．しかし，自分の発想を変え難く，教師になって心身に浸透した妙なプライドが，自分自身の「脱」，「転」，「進化」を阻み，もがき苦しんだこと．これこそが，戸惑いと苦労の正体だったと思います．

○目的地からの帰途で満員の路線バスに乗った時，席がなく，多少の暑苦しさもある中で，席に座れなかったことで余計に落ち着かないA君．A君は「次，降ります」ボタンに興味がわき，ボタンを何度も押してしまいました．カウンセラーは他のお客さんと運転手への申し訳なさから，一生懸命にボタンを押そうとするA君の動きを抑えます．A君は，自分を抑えようとするカウンセラーに抵抗し，「やめろ！」「放せ！」「やられる！」「苦しい！」などの言葉を発します．それくらいのことには少しは慣れているカウンセラーでしたが，抵抗の度が過ぎてゆくにつれ，遂にはカウンセラーの顔に唾を吐きかけ始めました．それでも，辛いのは何よりA君だと思い，カウンセラーもじっと耐えます．

　私は，そんなカウンセラーのA君への理解と忍耐力に尊敬しながら見守り，時には共にA君に声をかけていました．ところが，ふと周囲を見回すと，その場に居合わせたお客さんの何とも言えない視線に気づきました．A君を含めた子どもたちを見る，気の毒そうな視線がそこにありました．確かにその場でのA君は，バスに乗っても座れずにいることと，満員の中での窮屈さから落ち着くことができず，せめて目の前にあるボタンを押してみたい衝動にかられてしまっています．その上，その行動を抑えられていることに苛立ってもいます．それだけ，A君自身が強いられた我慢の度合いは図り知れません．一番辛い思いをしているのはA君だったのだと思います．

　このようなことを繰り返さないようにするには，公共のバスを利用せず，貸切バスを利用するなどの策が考えられます．ただ，このプログラムの目的の１つには，その衝動的行動を少しずつ緩和し，公共の場でも周囲に迷惑がかからない過ごし方ができるようになることでもあります．そんな時，今後A君が辛い思いをしないようにする為に貸切バスを利用するか，A君の成長

を考えて公共の乗り物を利用するプログラムを続けるか，迷うことがあります．

○活動の当初，通常学級に在籍する発達障害の子どもとの接点がなく，SST活動をどう進めるのかイメージがわかずに不安ばかりがつのりました．私は，中学生グループを担当することとなり，ひたすら論文・書籍等を調べ，「ロールプレイ」を用いて，彼らが普段の学校生活で出遭いそうな題材を取り上げることとしました．しかし，毎回この題材選びに悩み，活動がどれだけ効果をもたらしたのか，常に不安と隣り合わせでした．

○ソーシャルスキルについては興味がありましたが，最初の手がかりは本1冊とYMCAでのボランティア経験だけでした．その後，西東京YMCAの資料を見つけました．ここには社会性指導クラスに対して，「グループへの参加のモチベーションを保てる」「限られた指導時間にインテンシィブ（集中的）な関わりを経験できる」ことを理由に，ゲーム中心のエクササイズが指導に用いられていました．しかし，どのようなゲームを採用し，系統立ててプログラムを作ればよいのかわからず，行き詰まってしまいました．とうとう，西東京YMCAまで実際に見学に行き，丁寧に具体的にご指導いただき，やっと自分のやるべきことの見通しがつきました．見通しがつかないことがどれだけ大変なのかよく分かりました．

○特別支援学校の教師である私にとって，発達障害児は一人ひとりみると何の問題もない普通の小学生にしか見えませんでした．しかし，活動の中で，すねたり，暴言を吐いたり，部屋を飛び出したり…彼らの混乱や苦労が痛いほど伝わってきました．特に，自分自身に対する自信のなさがどの子にもあり，胸がつまる思いでした．とはいえ，当初は，活動の進行に精一杯で，一人ひとりの子どもの姿がなかなか見えない状況でした．そんな中，ティーチングアシスタントの学生さんたちには，本当に助けられました．

　子どもたちは，どの子も「自分を見てほしい」「話を聞いてほしい」「難しいことは助けてほしい」「褒めてほしい」という思いを全身で現しています．活動を重ねるごとに自信に満ちた表情に変わっていく彼らを見て，側に認め

てくれる人がいてくれることが，こんなにも大事なことなのだと改めて思いました．これを大学生が担ってくれました．だから，私の役割は，「子どもたちが，意欲を持って活動に向かい，成功体験をする中で成就感が味わえる」…そんな活動を準備することだと思い，計画や準備に集中して向かうことができました．ティームティーチングの効果を改めて実感できた経験となりました．

○当初はとまどいの連続でした．子どもたちが抱える障害および特性について学び，共通した課題として社会性のつまずきが見られることは理解しているつもりでした．しかし，彼らの社会性にもいろいろなタイプがあり，「友だちとうまく遊べない」という事柄を見ても，人への関心がうすいことが要因であったり，逆に，暗黙の了解が理解できずに，一方的な関わりを持ってしまうことが要因であったりと背景は様々であり，そんな子どもたちのどの部分に焦点をあてて，SSTを計画していこうかと当初は戸惑いました．

(2) 効果的であった工夫と，効果のなかった（あるいは逆効果であった）対応

〈効果的であった工夫〉

⇒学生の存在
・学生がモデル提示役になる
・学生の入るグループを固定する（同じ子どもと何回も接する）
・学生の子ども担当（その日ひとりの子どもに意識的につく）を決めておく

⇒受容的に傾聴されること
・受容的な雰囲気の中，子どもたちは少しずつ自分らしさを表現できるようになりました．子どもたちの要求や拒否には必ず理由があるはず，それをしっかりと受け止めることで「認めてもらえる」という気持ちが育ち，その後相手のいうことも受け止められるようになってきたと感じます．

⇒子ども：カウンセラーの人数比
・子ども一人ひとりに手厚いケアを求めるならば，何よりマンツーマンが望

ましいのですが，それでは，この活動の目的の1つである少人数でのグループ活動や，小集団内での人間関係づくりを達成し難い部分があります．そこで当初，最少でも2名の子どもに1名のカウンセラーを配置していました．子どもの行動特性などを加味して組み合わせれば，この人員配置のバランスで，なんとか受け入れることができました．

　ただし，この配置では，カウンセラーが対応に困った時の孤独感や，逆に一個人の独断にケアが偏ってしまいがちになります．また，グループ単位で単独行動を取るプログラム（例えば登山）などは，アクシデントが発生した際の連絡のとり合いが困難になり，即座の対応がとりにくくなることもあります．そこで，子ども2名に1名のカウンセラーの対比を倍にして，子ども4名に2名のカウンセラー配置を試してみました．この配置だと，カウンセラーが連携しながらグループの子どもへの対応ができ，子どもたちも単なるペアの関わりから，グループとしての関わりの広がりが生まれました．時に起こるトラブル時においても，2名だけだとしばらくぎこちなさが続いたり，稀に，かなりの期間，関係が戻らなかったりすることもありますが，4名いることで常に第三者の存在によって，（ぎくしゃくしがちな関係が）緩和されたり，グループの雰囲気も戻しやすくなります．

　今では5名に2名のカウンセラーで1つのグループを形成しています．

⇒視覚的支援
・その日のプログラムをホワイトボードに書いて見通しを持たせる
・注意事項や気をつけることをボードの端の方に書いておき，子どもができていないときに，それを見るように学生に促してもらう．例えば「話をする人を見てよく聞く」等を書いておく（直接的な言葉での注意はしない）．
・スケジュール提示のみの視覚支援で活動を行ったところ，自分がしゃべりたい時にしゃべる，人の話を聞かない等，なかなか話し合いが進みませんでした．そこで，「静かにする」「話を聞く」「友だちと会話しても良い」というカードを場面に応じてその都度提示しました．これで場面理解も進み，すべきことをよく理解して行動できるようになり，「見える形で伝える」ことの有効性を実感しました．
・ゲーム活動は新しいことが大好きな子どもにとってはモチベーションを高

く保てる教材ですが，環境設定をせずに実施すると，指導者が途中で口を挟む回数が増えて，子どもたちはいわれるがまま動くことになってしまいます．チームで並ぶ場所やスタート場所，動き方の導線などを視覚的に提示することで，より普段の遊び場面に近い，子どもたちだけの活動場面を確保できたと考えています．

⇒カレーの作り方説明書／巻き寿司づくり／クリスマスケーキの作り方など調理方法
・子どもたち自身が調理をする際は，自分でできることは極力自分たちでしてもらいたい思いがあります．もちろん，包丁などの取り扱いや，火の取り扱いなど，危険と隣り合わせな活動でもあります．かと言って，カウンセラーが一生懸命に言葉で説明してもうまく聞き入れてもらえなかったり，伝わらなかったりします．そこで，テレビゲームなどの説明書や攻略本，漫画ならば積極的に読むことができる彼らの興味を利用して，調理の際の方法や段取りの説明に，レシピ本ならぬ説明書を作成しました．サイズはＡ４サイズ以上の大きめの紙で作成し，これをグループに１つずつ配布します．内容は，イラストと簡潔なことばのみで構成されているので，わかりやすく明確です．

⇒食器回収方法
・キャンプで食事をとる際の後片付けでは，個々が個別に取り組みやすく，しかも効率的にお皿などの食器を回収する方法として，同じ食器ごとに回収する方法があります．この活動でも，彼らが視覚的に捉えやすいように使った食器の写真を返却場所に貼り，そこへ戻すよう促します．これならば，グループごとに同じ食器を集めて返却しに行く方法でも，一人ひとりが使った食器すべてを戻す方法でも対応できます．

⇒お風呂の入り方，水着への着替え方
・これらはグループ活動とは異なり，個別での作業であり個々によって作業ペースが異なります．先と同じく作業の段取りや方法の説明書きはするものの，手にとって読むサイズではなく，壁面などに掲示してもわかりやすいような模造紙サイズで作成します．

こうすることで，子どもたちは自分のペースで作業を進められ，子どもによって違う説明箇所を探して読むことができます．また，これだとカウンセラーは基本的には子どもたちの自主性に任せることができ，困っている子どものケアをしやすくなります．

⇒ネームプレート
・話し合い活動において，ネームプレートが効果的でした．意見の数を視覚的に捉えやすくするだけでなく，自分の考えを述べた後，選んだ案の下に自分のネームプレートを貼り付けることで，子どもたちは自分の意見の重みを感じていたようでした．また，みんなの前で意見を言うことに抵抗がある子どもも，ネームプレートを貼ることだけはでき，話し合いへの多様な参加の仕方が保証できたところもよかったと思います．

⇒「自分で気付く」ように「見せる」ために，「ことば」より「もの」を加える工夫
・「人とすれ違う時に，その歩き方では，危ない」ということに気付かせるためには，「まっすぐ歩く」，「手荷物を外側に持つ」等の言葉を台本に書くのではなく，劇の小道具として，長く先のとがった傘を持って歩いたり，幅の細い道を歩くという，設定に組み入れて体験させる方が効果的でした．

⇒通信の発行
・意図せず効果的であったものは，「あそびっこ通信」でした．次回の活動時間や場所，持ち物を確認するための連絡として始め，その中に，前回の活動の様子を写真で紹介しました．保護者の方々から「次の活動までの間に何度も通信を見て，活動を振り返ったり，次の活動を楽しみにする姿が見られた．前日から持ち物を自分で用意するようになった」等という言葉を聞かせていただきました．「振り返ること」「見通しをもつこと」「意欲を持続させること」が紙1枚でできたと思うと大きい効果があったのではないかと思いました．
・保護者に「あそびっこくらぶだより」を配布し，スケジュールやそれぞれの活動のねらいを伝えました．子どもたちの変化を直接目にしてもらうだけ

でなく，活動のねらいを保護者にも知ってもらうことは有効であったと思います．

⇒実際の体験
・校外へ出かけるイベント，学園祭への出店，どちらも具体的で本物であるという設定が子どもたちの意欲につながりました．話し合い活動でも，実際に出かけることができる，本物の店が出せることが動機づけとなり，意欲的に話し合いにのぞんでいました．電車のマナーやレストランでのマナーなどについても学ぶ機会となりました．また，大学祭出店当日は，お金のやりとり，綿菓子作り，客のよびこみなど，子どもたちはとても意欲的で，いつもにない姿を見せました．子どもたちはその特性ゆえに社会的体験が不足しがちですが，自分が決めたこと，まねごとではなく本物に関われることが子どもたちの意欲を高め，スキルを身につけやすいと思いました．

⇒カウントダウン
・子どもたちに，話を聞く準備をさせるためのカウントダウンです．にぎやかにおしゃべりしている子どもたちに話を聞かせたい時，「静かにして」「○○さん，こっちを見て」「○○くん，しゃべりません」など矢継ぎ早に注意をしがちなのですが，「さあ，話をするよ．5，4，3，2，1」と言うと，自然におしゃべりを止めて注目して聞けるようになりました．参加していた学生の1人から「魔法のカウントダウン」と呼ばれたほどです．聴覚処理能力に弱さを持つ子どもたちであるがゆえに，数字という簡潔な指示とカウントダウンという見通しが有効であったように思いました．

⇒担任との相談・連携
・今彼らに必要な力は何かと考えた時，小学校に入った彼らを想像して課題を考えることが重要だと感じ，担任の先生と一緒に課題の選定にあたりました．社会性とは文化や環境によって異なるものです．幼稚園から小学校への移行は，子どもたちにとって大きな文化や環境の変化となります．

⇒その他
・身体を動かすゲームをはじめに1つ入れる

〈逆効果・効果なし〉

⇒強引な参加への刺激
・最初は「何とか参加させたい」という気持ちが強く，子どもを無理にでも引っ張ろうとしましたが，そのような対応では「やらされ感」を子どもが感じることが分かりました．

⇒気持ちのこもらない言葉だけでの褒めことばや励まし
・褒めてほしいという思いの強い子どもたちですが，単に「上手」「がんばった」「それでいい」等という言葉が逆に，「できてない」「がんばれなかった」という思いを持たせてしまうこともありました．リーダーとして活動の様子をしっかり見ることができていないときは，上滑りな評価になりがちでした．「どんなところがうまくできているか」「どこを特にがんばっていたか」を具体的に伝えることも大事ですが，やはり一番効果があるのは，一緒にやって，できたときに喜びを共有すること．励ますときは，ほんの少し手を貸してあげること，そういうことが，彼らの「できた」という実感を引き出す支援だったと感じました．
・気持ちのこもらない褒め言葉を，子どもたちは嫌いました．「べつに，すごいと思わないけど」「そんなの全然，ふつうじゃん」等の返答が返ってきます．常識的な「良い悪い」ではなく，その子どもがこの台本を書いた心の動きに着目し，「このせりふが良かった」「この小道具を選んだのが良かった」「トレーナーに頼んだのが良かった」と，自分の気持ちを具体的に伝える方が，子どもたちに，「褒められた」実感があるようで，にっこり笑顔と共に，「うん！」「どうしてか知りたい？」「ありがと」等の言葉が返ってきました．

⇒約束・見通しの行き過ぎた確認
・校外学習の際，約束と見通しの確認のためにチェックカードを用意し，要

所要所で全体でチェックしたものの，その作業がかえって1日の流れを滞らせ，楽しい気持ちを維持できなかったと思います．約束や見通しは，はじめに全体で確認し，一人ひとりのニーズに応じて学生トレーナーが必要に応じて伝えればよかったと反省しました．

⇒グループ分け
・小学生全学年を参加対象としているため，参加する1年生〜6年生の子どもたちをグループ分けする際，どう分けるかについて考えます．当初は，低学年グループと高学年グループに分けて活動を始めました．その方が，同学年もしくは近い年齢同士グループ内でのコミュニケーションが取りやすかったのですが，特に低学年グループでは，さすがに5名に2名のカウンセラーだけでは統制がとれず，なかなかまとまりが持てないグループとなりました．これにより，グループによってペースの差が生じ，1つの活動における全体の進行が乱れやすくなりました．

　また，高学年が低学年の面倒を見る構図を望んで仕向けるにも，グループが一団体としてグループの面倒をみるような高度な関わりは困難でした．今では，グループ内で縦関係を形成することを目的に，縦割りのグループ編成にしています．

(3) 自分自身の，SST のリーダーとなった前後の変化

・子どもの行動，ことば，眼差し…表現のすべてに，「見逃すまい！　聞き逃すまい！　感じ逃すまい！」とワクワクするようになりました．

・友だちの意見に対する否定的な応答や，自分の思いを通そうとする強引な主張，独り言等が多く，集団で活動できる雰囲気ではありませんでした．子どもたちに何度も注意をしかけたものの，「叱責はやめよう」と，無理に笑顔を作っていたと思います．しかし，回を重ねるごとに活動を楽しみ，自然に笑う自分に気づきました．

・初めての活動で気持ちが乗らない子どもたち，大学生のモデリングも真剣に見ず，ワークシートも適当に書いていました．しかし，ゲームの時間にな

ると表情がキラッと輝き，やる気のなさそうな子どもが一転，「僕らにもゲームの問題を考えさせて」と申し出ました．任せてみると，自分たちが中心となってゲームを進めることができました．この日を境に「社会性を身につけさせよう」，「指導しなければ」との気持ちが，「子どもと一緒に楽しもう，楽しみの中で人と関われれば」と変化し，子どもを信じ任せることの大切さを実感しました．

・大学生の子どもに対する接し方をみていると，発達障害を意識せず自然に子どもたちに寄り添っています．「発達障害のＡさん，Ｂくん」ではなく「Ａさん，Ｂくんという人間」としてとらえることの大切さを改めて実感し，教師である私も自然体で一人ひとりと関わることができるようになりました．

・サブリーダーと常に相談しながら活動を進め，複数の眼で見ることの大切さを実感しました．大学生やサブリーダーの存在は，子どもを見る目がいつの間にか教師として固定化していた私に，新しい視点で子どもを見ることの大切さを教えてくれました．また，保護者，子どもたちの小学校・中学校とも面談させていただき，子どもたちの成長を共に考え，特別支援教育の「連携」の大切さを実感しました．

・「人は誰でも変わることができる．私はその力を信じたい」──活動の相談中に，指導教員から聞かされたこのことばは，胸に突き刺さりました．自他に対して，どこか限界を決めていた自分に気づかされたからです．私は現在，発達障害のある子どもと関わる機会が多いのですが，いつもこの言葉を

思い出しながら毎日を過ごしています．

・発達障害の子どもたちは，日常の生活やいわゆる「しつけ」だけでは，ソーシャルスキルが身につきにくく，特別な場で一つひとつ指導が必要なのだと思っていました．しかし，スキルは一つひとつ教えなくても，子どもたちが「意欲」や「自信」をもつことで，自らスキルを身に付けていけるということに気付きました．やりたいことのためには，ルールが守れたり，話し合いができたりするのです．また，自分を肯定的に評価できると他人に対しても受容的になり，会話がスムーズになり，他者の感情を理解する力が高まりました．

・発達障害児のソーシャルスキルの課題は，本人だけの問題ではありません．確かに，障害に起因する本人の弱さには支援が必要ですが，周囲の環境や周囲の子どもたちのソーシャルスキルの質によって，発達障害の子どものソーシャルスキルが左右されます．障害のない子どもたちも自己肯定感が持ちにくく他者とのコミュニケーションが難しくなっている時代です．現代の子どもたち全体のソーシャルスキルの低下や，私たち大人のソーシャルスキルの低下，ひいては，現代の子どもたち全体が抱える社会性に関わる問題について，深く考える機会になりました．

・障害の特性について学び理解した上で，リーダーとして発言していたつもりでしたが，ビデオでその日の活動を振り返ると，意図が分かりにくかったり，あやふやな指示を出していたりする自分の姿を見てとても反省しました．小学校の現場では，暗黙の了解で子どもたちがうまく解釈をしてくれて1日が成り立っていたと実感したと同時に，より丁寧で簡潔でわかりやすい指示を心がけようと強く思いました．

・時間の目安や，物事の説明について，具体的な表現で伝えるよう心がけるようになりました．ただし，物事の説明に関しては，いわば一から十まで説明してしまいがちになり，下手をすると長い説明になってしまうので，気をつけています．

(4) リーダーから子どもたちへのメッセージ

・「ちがいとは何か」の話し合いで，「目も耳も心臓もみんな同じ名前で同じ数をもっているけど，その目で見ているもの，耳で聞いているもの，心で感じている気持ちはみんなちがう」と，あなたたちは言いました．「それは，あたりまえ」と言わず，「それを知っている」で同意できた話し合いでした．「同じだけれど，ちがう」「ちがうけれど，同じ」このどちらをも知っているあなたたちが，この「同じとちがう」を周りの人に伝えられる人になって下さい．そして，自分は，何を見て，何を聞いて，どんな気持ちでいるのかを，表現できる人でいて下さい．

・君たちの印象的な言葉を紹介します．
「司会でも良いよ」
なかなか自分の意見を曲げない子どもたちが，大学祭に向けての話し合いを行った時です．司会か記録の係りを決める際，人前で話をすることに抵抗があり，全員が記録を希望しました．しかし，ある青年が「じゃあ自分が司会でも良いよ」と周囲の状況を見て申し出てくれました．
「僕がやらないと仕方がないんでしょ」
最後のお別れ会の日，学生トレーナーの手品にアシスタントが必要となり，誰かならないか子どもに尋ねたところ，「誰もいないのなら仕方がないなあ」とある子が引き受けてくれました．
これから中学校生活，高校生活，そしてその先まだまだ長い人生が待っています．人間関係でつまずいたり悩んだりすることも多いと思います．でもみんなならきっと大丈夫，乗り越えられると信じています．もし，どこかでつまずいた時に，ここでの活動を少しでも思い出してくれれば嬉しいです．

・みなさんお元気ですか．あれからもう7年も経つので，みんなはすごく成長しているでしょうね．自分を信じて，周りの大人を信じて，いつも夢を持って，明るくたくましく生きてください．もし困ったことが起こってもあなたの周りにはあなたを支えてくれる人がたくさんいます．ためらわず頼ったらいいのですよ．みんな支え合って生きています．それが人の社会だから．

いつかあなたたちと会える日が来ると嬉しいです．それまでお元気で．

・メンバーのほとんどみんなが中学生ですね．14歳という難しい時期をどう過ごしましたか？（どう過ごしていますか？）どんな子でも，悩み，苦しみ，暴れる（？）中学時代…なかなか自分に自信が持てず，素直に気持ちを伝えることが苦手な君たちが，どんな中学時代を過ごしているのか…心配でなりません．

でも，活動の最後の回に将来の夢をみんな生き生きと話してくれたね！あのときのみんなの表情は，本当に素敵でした．夢をもつということが，そして，夢に向かって努力するということが，大変な時期を乗り越える原動力になるのだと信じています．それは，あなたたちだけじゃない…私も同じです．「夢をもって，自分のできることを精一杯やること」，いつもあなたたちのパワーあふれる笑顔を思い出し，私もがんばっていきたいと思います．

・今回のSSTで出会ったJ君．当時は，新しい環境に抵抗があり自分の意見を言うことも苦手で，少しのきっかけで気持ちが崩れたりもしていた男の子でした．その4年後，英会話教室の体験レッスンで中1になったJ君と再会しました．当時の印象とは違い，英会話の外国人の先生にも物怖じせず，英語での会話を楽しむ姿を見て，子ども自身の成長していく力のすごさを感じました．彼らがこれまでに出会った人や経験が成長の糧であるとするなら，自分自身がSSTの活動で関わった1年間，反省すべき点は多々あるものの彼らの成長の糧の一部分を担わせてもらったことにうれしさを感じた瞬間でした．彼らの「自己肯定感」は決して高くはありませんでした．彼らの抱える特性への理解がすすみ，彼らが「自分でいいものだ」「人っていいものだ」と思えるように成長していってほしいと思います．

・みんなの「できた！」「やった！」と同時に見せてくれる笑顔が大好きです．そして，みんなの笑顔が僕を元気にしてくれます．だから，みんなの笑顔いっぱいのわんぱくチャレンジクラブになるように，楽しい活動を用意しているからね！　これからも楽しみに参加してね．

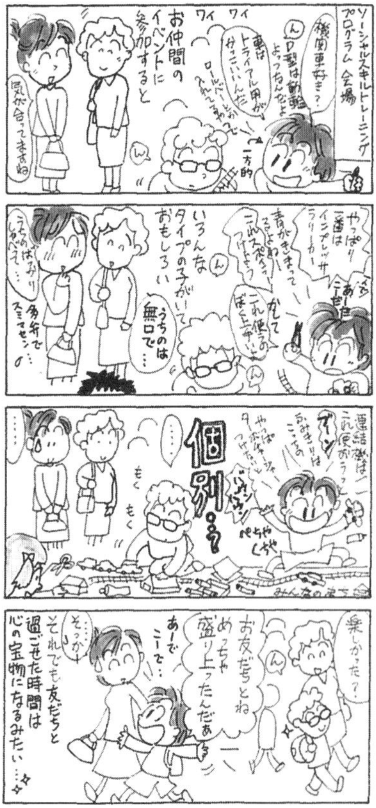

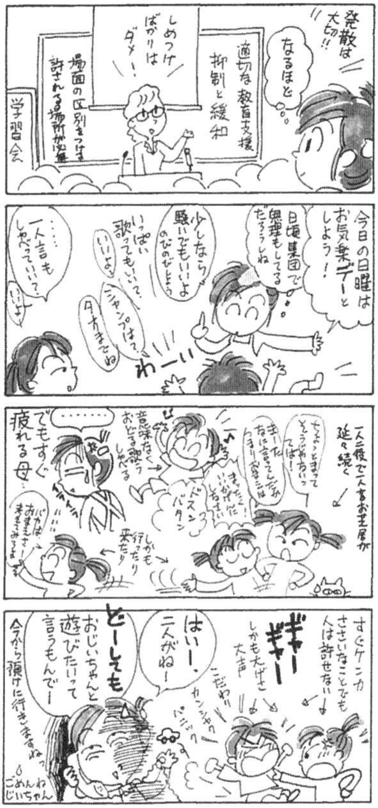

参考文献

第Ⅰ部

Barkley, R. A. (1998): *Attention deficit disorder: A handbook for diagnosis and treatment*. 2 nd ed, Guilford Press.

Cartledge, G. & Milburn, J. F. (eds.) (1986): *Handbook of social skill training*. 2 nd ed, Pergamon Press.

Combs, S. P. & Slaby, D. A. (1978): Social skills training with children. In B. Lathey & Kazdin, A. E. (eds.), *Advances in clinical child psychology* vol. 1, New York: Plenum Press, pp. 161-207.

Diagnostic and Statistical Manual-Text Revision (DSM-Ⅳ-TR, 2000), 4 th ed, First, ME (ed), American Psychiatric Association, Washington, DC.

ゲイリー・フィッシャー，ローダ・カミングス著，竹田契一監訳（2008）『LD・学び方が違う子どものためのサバイバルガイド キッズ編』明石書店

星野仁彦，八島祐子，熊代永著（1992）『学習障害・MBDの臨床』新興医学出版社

International Statistical Classification of Diseases and Related Health Problems, 10 th Revision, 1992.

Kirk, S. A. & Weiner, B. B (eds). (1963): *Council for Exceptional Children*, Washington, DC, p. 1.

Knobloch, H. & Pasamanick, B. (1959): Syndrome of minimal cerebral damage in infancy, *The Journal of the American Medical Association* 170 (12): pp. 1384-1387.

小林正幸（2005）『先生のためのやさしいソーシャルスキル教育』ほんの森出版

小林正幸（2007）『子どもの対人スキルサポートガイド』金剛出版

小貫悟，名越斉子，三和彩（2004）『LD・ADHDへのソーシャルスキルトレーニング』日本文化科学社

京都府立朱雀高校特別支援教育研究チーム（2009）「学校生活のヒント」太田正己，小谷裕実編著『大学・高校のLD・AD／HD・高機能自閉症の支援のためのヒント集』黎明書房, pp. 10-31

Ladd, G. W. & Mize, J. (1983): *A cognitive-social learning model of social skill training. Psychological Review*, 90, pp. 127-157.

三木裕和，小谷裕実，奥住秀之（2007）『自閉症児のココロ 教育，医療，心理学の視点から』クリエイツかもがわ

宮本信也（2003）「軽度発達障害の理解①」『日本LD学会会報』46, pp. 8-10.

文部科学省（2001）「21世紀の特殊教育の在り方について 一人ひとりのニーズに応じた特別な支援の在り方について（最終報告）」

文部科学省（2002）「通常の学級に在籍する特別な教育的支援を必要とする児童生徒に関

する全国実態調査」
文部科学省（2003）「今後の特別支援教育の在り方について（最終報告）」
牟田悦子（1996）「LD（学習障害）児のソーシャルスキル指導　類型による指導の検討」『成蹊大学文学部紀要』31, pp. 245-258.
大屋滋（2006）「発達障害　医師・医学・医療に望むもの」加我牧子，稲垣真澄編『医師のための発達障害児・者診断治療ガイド』診断と治療社，pp. 2-8.
定本ゆきこ（2009）「性の指導のヒント」太田正己，小谷裕実編著『大学・高校のLD・AD/HD・高機能自閉症の支援のためのヒント集』黎明書房，pp. 62-81.
坂野雄二（1995）『認知行動療法』日本評論社
Strauss, A. A. & Lehtinen L. E. & Kephart N. C. (1947): *Psychopathology and education of the brain-injured child*. Grune & Stratton, New York, p. 2 v.
内山登紀夫，水野薫，吉田友子（2002）『高機能自閉症・アスペルガー症候群入門　正しい理解と対応のために』中央法規
内山登紀夫（2008）「広汎性発達障害」齋藤万比古総編集『発達障害とその周辺の問題』中山書店，pp. 59-76.
ウタ・フリス著，冨田真紀，清水康夫，鈴木玲子訳（2009）『新訂　自閉症の謎を解き明かす』東京書籍
渡辺弥生（1996）『ソーシャルスキル・トレーニング』日本文化科学社
山口真美（2005）『視覚世界の謎に迫る　脳と視覚の実験心理学』講談社

第II部
相川充（1999）「ソーシャルスキル教育とは」國分康孝監修『ソーシャルスキル教育で子どもが変わる　楽しく身につく学級生活の基礎・基本』図書文化社
木村研編著（1995）『室内遊び・ゲーム　ワンダーランド』いかだ社
小林正幸，宮前義和編（2007）『子どもの対人スキルサポートガイド　感情表現を豊かにするSST』金剛出版
國分康孝監修，岡田弘編（1996）『エンカウンターで学級が変わる　グループ体験を生かした楽しい学級づくり（小学校編）』図書文化
小貫悟，名越斉子，三和彩編著（2004）『LD・ADHDへのソーシャルスキルトレーニング』日本文化科学社
佐藤正二，佐藤容子編（2007）『学校におけるSST実践ガイド　子どもの対人スキル指導』金剛出版
菅原道彦（1990）『あそびの大図鑑』大月書店
塩見邦雄，中道正昭（2002）「学校生活における児童の自己認知についての研究」学校教育学研究 NO. 14, pp. 69-78.
高嶋和男（1993）『小学生だ～いすきゲーム　子どもと遊ぶ先生に贈る』国土社
竹田契一監修，太田信子他著（2000）『LD児サポートプログラム』日本文化科学社

上野一彦，岡田智編著（2007）『特別支援教育［実践］ソーシャルスキルマニュアル』明治図書

あとがき

　本書で述べた「あそびっこくらぶ」は，壮大な志に基づきあらかじめ構想を練って始めた活動ではありません．当時勤務していた京都教育大学学生の「障害のある子どもと触れ合いたい」という願いと，発達障害児の保護者から発せられた「子どもの居場所がない」という嘆きとをマッチさせたことで，自然に生まれたSST活動です．

　1年目は，たった2人の子どもと20数名の大学生からなる，とてもアンバランスな構成でした．この2人は，特別支援の不十分な時代に，教室に入れず廊下や校庭で過ごす小学2年生の少女と，不登校の小学校5年生の少女でした．学生たちは，子どもたちに会いたくて待ち焦がれ，子どもは引っ張りだこでした．しかし，子どもらの活動後の感想は決まって「おもしろくもないし，いやでもない」でした．なんと正直でストレートな感想でしょう！いつまで続けられるかと，こちらは不安いっぱいでしたが，単なる取り越し苦労に終わりました．

　平日に学校を早引きして保護者同伴での活動は，かなりの犠牲を強いますが，口コミで，子どもの数は年々増えていきました．「子どもの学びの場は，校舎の中に限らない」と，出席扱いにしてくれた学校も1校，2校と増えていきました．担任の先生，特別支援学校の先生，おじいちゃん・おばあちゃん，発達障害支援センターの職員などなど，毎回子どもに関わるさまざまな人々が，見学に来られました．NHKのディレクターは，ある子どもと保護者を密着取材され，発達障害の特集番組のひとつとしてテレビで放映されました．取材を引き受けてくださったお父さんは，きれいごとでは済まない子育てにくじけそうになったとき，今でもこの録画を見て，自分を奮い立たせています．京都新聞の記者は，YMCAの活動に1日同行され，へとへとにお疲れになった様子でしたが，後日とても素敵な記事にしてくださいました．私も，活動の様子を新聞に書いたところ，その記事がこの本の編集者松岡さんの目に留まり，本にしませんかと声をかけてくださるきっかけとなりました．かれこれ，4年前のことです．

　私は，沢山の人々の力をかりて続けてきた活動を，本としてまとめられる

ことに感謝しつつも，この間大学を2回移り，筆は進まず何度もあきらめそうになりました．今回，このような形にまとめることができたのも，私のSOSを受けて，応援原稿を寄せてくれたかつてのゼミ学生さんと，一緒に野山を駆け回ったYMCAのスタッフ，常に冷静にこんな私を見守り，原稿ができると信じ声をかけ続けてくださった，人文書院の松岡隆浩さんのおかげです．ありがとうございました．

　この小さな活動に，多くの人々が関心を寄せ，集まってくださる理由は，子どもたちの魅力に他なりません．私も，もちろんその1人です．6年の間にさまざまなドラマがありました．気持ちがくじけて，2年間外から活動を眺めるばかりの少年の保護者は，「肩身が狭い」とため息を漏らしていました．しかし，ある日の調理（カレー作り）で，ニンジンを1人でみじんに切り刻み遂げた日を境に，あらゆる側面で自信を取り戻し，主要メンバーの1人に成長しました．「あそびっこくらぶ」は，子どもたちと学生らのたくましさにすっかり魅せられ，1年のつもりが2年，3年と伸び，結局私が退職するまでの6年間続けることができました．

　京都YMCAの石原正彦さんは，初代の担当者で一緒に活動を始めませんかと声をかけて下さいました．アウトドアが苦手で尻込みする私に，「実際に参加して，子どもたちをまじかで見ていてほしい」と一歩も譲らず，私はすべての活動に共に参加しました．あの信念があったからこそ，私の経験がしっかり膨らんだと思います．2代目は，西岡義郎さんが引き継がれ，奈良YMCAの金山好美さんという強力な助っ人を得て活動を行いました．金山さんは，子どもをひきつけるマジシャンのような方で，どの活動も大きな安心感に包まれて楽しく行うことができました．西岡さんは，学生指導のために大学にまで出向くなどきめ細かに活動を引き継いでくださいましたが，今年の春お亡くなりになりました．ご遺志を継ぎ，これからも，子どもたちが楽しめる居場所を絶やさないように，支えていきたいと思います．ご冥福をお祈り申し上げます．3代目の中村彰利さんは，目下活動を支える若手の中心スタッフです．冷静で，分析的で，クールな実力者です．YMCAという柔軟で敏感な民間組織が，子どもに合わせてさまざまな取り組みを展開されることを期待してやみません．

さて，今や発達障害児へのSSTの重要性は学校でも認められ，小中学校ではことばの教室や，通級指導教室などで展開されるようになりました．親の会の集まりでも，当事者の子どもたちの集団活動を始めるところが多くなりました．「あそびっこくらぶ」は終了しましたが，いくつかの活動のたたき台として，多少は役割を果たせたかなと考えています．これからは，診療所で子どもたちと保護者の方々とじっくり関わり，自分の役割を模索していきたいと思います．

2009年8月22日　深夜2時に，虫の音をききながら
小谷　裕実

著者略歴

小谷裕実（こたに・ひろみ）
1962年，京都市生れ．現在，花園大学社会福祉学部教授，小児神経科医．京都府立医科大学卒業後，同付属病院小児科，済生会京都府病院小児科，花ノ木医療福祉センター勤務．その後，兵庫教育大学，京都教育大学，皇學館大学にて教鞭を執り，現職．
共著書に，『大学・高校のLD・AD/HD・高機能自閉症の支援のためのヒント集』（黎明書房），『自閉症児のココロ』（クリエイツかもがわ），『新生児フォローアップガイド』（診断と治療社），『重症児・思春期からの医療と教育』（クリエイツかもがわ）など．

© 2009 Hiromi Kotani Printed in Japan.
ISBN978-4-409-24083-0 C0037

発達障害児のための実践ソーシャルスキル・トレーニング

二〇〇九年九月二〇日　初版第一刷印刷
二〇〇九年九月三〇日　初版第一刷発行

著　者　小谷裕実
発行者　渡辺博史
発行所　人文書院
　　　　〒六一二-八四四七
　　　　京都市伏見区竹田西内畑町九
　　　　電話〇七五・六〇三・一三四四
　　　　振替〇一〇〇〇-八-一一〇三
印刷所　創栄図書印刷株式会社
製本所　坂井製本所
装　丁　上野かおる

落丁・乱丁本は小社送料負担にてお取替いたします

Ⓡ〈日本複写権センター委託出版物〉
本書の全部または一部を無断で複写複製（コピー）することは，著作権法上での例外を除き禁じられています．本書からの複写を希望される場合は，日本複写権センター（03-3401-2382）にご連絡ください．